Waldfee Wilma

Ein Zuhause für Yara und Feli

Eine Geschichte
von Carolin Jenkner-Kruel

mit Bildern
von Stella Chitzos

Bibliografische Information der Deutschen Nationalbibliothek:
Die Deutsche Nationalbibliothek verzeichnet diese Publikation
in der Deutschen Nationalbibliografie; detaillierte bibliografische Daten sind im Internet über http://dnb.dnb.de abrufbar.

1. Auflage, August 2017
© Text: Carolin Jenkner-Kruel
© Cover und Illustrationen: Stella Chitzos
Lektorat und Korrektorat: Sabine Wagner

Herstellung und Verlag:
BoD – Books on Demand, Norderstedt

ISBN: 978-3-7448-7000-9

Inhalt

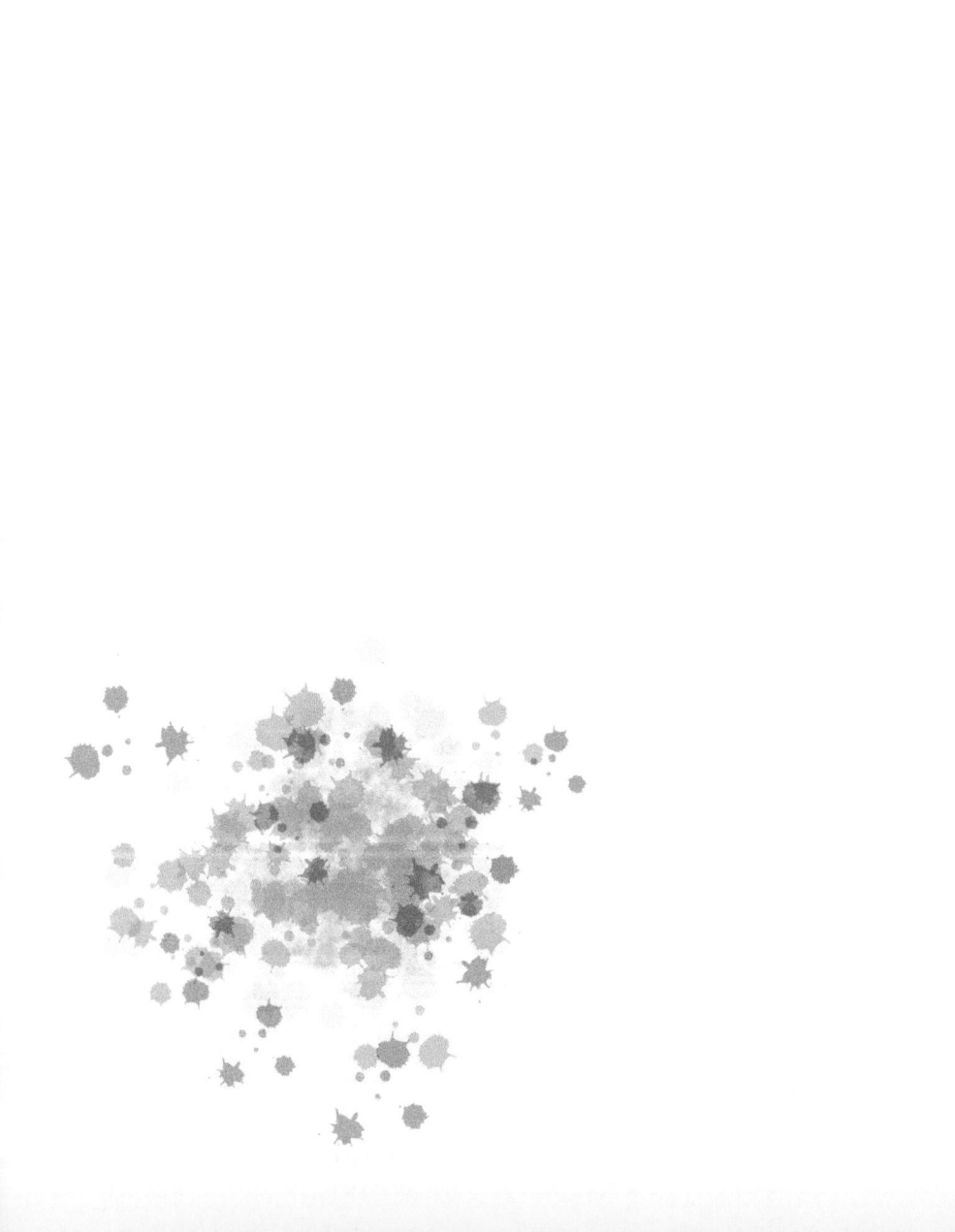

1. Felis Feengeburtstag

Die rosa Pappfee hat Knicke bekommen, aber das
Papier fühlt sich immer noch gut an. Yara hält die
Pappfee schon den ganzen Tag in der Hand. Es ist
die Einladung zu Felis Geburtstag. Aber für Yara ist
es noch ein bisschen mehr. Es fühlt sich an wie die
Eintrittskarte in eine neue Welt. Heute wird sie den
ersten Kindergeburtstag in ihrem neuen Land feiern.
Kein Wunder, dass Yaras Herz wie wild klopft, als sie
die Waldstraße entlanggeht. Von der Nummer fünf,
in der Yara wohnt, bis zu Felis Haus mit der Nummer
42 sind es nur ein paar hundert Schritte. Yara bum-
melt. Seit ein paar Wochen wohnt sie in derselben

Straße wie Feli, aber es ist das erste Mal, dass sie zu ihr nach Hause darf. Noch nie haben sie sich vorher verabredet. Manchmal treffen sie sich auf dem Weg zur Schule und gehen dann gemeinsam weiter bis zum Schulhof. Aber dann trifft Feli meistens Lotta und Lisa, und Yara ist wieder die Fremde in der Klasse 3b der Dorfschule.

Vor einer Woche hat Feli ihr diese Pappfee in die Hand gedrückt, und Yara hat sich wahnsinnig gefreut: Es war die erste Einladung im neuen Land. Und das, obwohl sie schon fast zwei Jahre hier lebt. Vielleicht gehöre ich jetzt dazu, hat Yara gedacht. Und nun ist die Woche um und Yara ist wahrhaftig auf dem Weg zu Feli. Auf der linken Seite entdeckt sie das Haus mit der Nummer 42. Hier also wohnt Feli. Für Yara sieht das Haus wie ein modernes Schloss aus: Es ist weiß und neu, mit drei Stockwerken, glänzenden, schwarzen Dachpfannen und einem Carport, unter dem ein ebenfalls schwarzes, großes Auto steht. Ob Feli hier allein mit ihren Eltern wohnt? Sie hat keine Geschwister. Das hat sie Yara erzählt.

Yara schaut noch einmal auf die Einladung: Nummer 42. Die Hausnummer stimmt. Also los. Yara nimmt all ihren Mut zusammen und drückt auf den silberfarbenen Klingelknopf. Es dauert nicht lange, bis sich die Tür öffnet. Feli, Lotta und Lisa stehen im Flur und lächeln freundlich:

„Hallo, Yara, komm rein! Wir haben schon auf dich gewartet." „Herzlichen Glückwunsch", erwidert Yara schüchtern und drückt Feli eine Packung Gummibärchen in die Hand.

„Danke", sagt Feli und nimmt das Geschenk entgegen. Yara ist erleichtert. Der erste Schritt ist getan. Feli rennt mit den beiden anderen Mädchen ins Wohnzimmer, während Yara einfach nur staunt. Das Haus scheint auch von Innen einem Schloss zu gleichen. Im Flur fällt ihr der weiße Marmorfußboden auf. Und alles kommt ihr sehr groß vor. Im Wohnzimmer stehen ein Aquarium und zwei schwarze Ledersofas. Der Esstisch ist so lang, dass dort bequem zehn Leute Platz nehmen und ein Fest feiern könnten. Und der ganze Raum ist so riesig, dass man darin die Zwei-Zimmer-Wohnung unterbringen könnte, in der Yara mit ihrer Mutter und ihrer kleinen Schwester lebt. In diesem Land scheinen wirklich alle sehr reich zu sein, denkt Yara.

Felis Mama kommt mit einem großen Teller voller Muffins aus der Küche, und Yara findet sie auf Anhieb nett. Sie hat blonde Locken, genau wie Feli, und lächelt freundlich, als sie Yara sieht.

„Möchtest du auch einen Muffin, Yara?", fragt sie. Erst jetzt bemerkt Yara, dass die anderen Mädchen schon am Tisch sitzen und nimmt neben Feli Platz. Die Muffins schmecken wunderbar süß und sehen toll aus: mit rosa Zuckerguss und einer Feenfigur aus weißer Schokolade. „Wollen wir Stoppessen spielen?", fragt Lisa.

Alle sind einverstanden. Yara versteht die Spielregeln schnell: Ein Kind ist an der Reihe mit „Stopp" sagen und in dem Moment darf sich keiner mehr bewegen, auch nicht kauen, ganz so, als wäre man versteinert, bis das Kind „weiter" ruft und sie erlöst. Die Mädchen essen und kichern. In der dritten Runde müssen auf einmal alle so laut lachen, dass sie das Spiel nicht weiterspielen können. Sie beschließen, in Felis Zimmer zu gehen.

Es liegt im ersten Stock und ist ein einziger Prinzessinnentraum: Feli hat ein weiß lackiertes Hochbett mit einem Himmel aus rosa Glitzerstoff. An ihrem Kleiderschrank hängt ein großer Spiegel mit einer Krone am Rahmen. Die Mädchen bewundern Felis Geschenke: den Pferdehof, die CDs, die Bücher und das Puppengeschirr. Sie sitzen gerade unterm Bett und plaudern, als Felis Mama von unten ruft: „Möchtet ihr jetzt die Feentaschen bemalen?"

Yara hält noch immer die Pappfee in der Hand. Feentaschen, Feeneinladung, alles mit Feen, denkt sie. Ihr Herz pocht wieder schneller. Yara liebt Feen. Denn Feen können Wünsche erfüllen und Yara möchte so gerne eine treffen, vielleicht sogar heute an diesem Kindergeburtstag.

Jetzt aber rennt sie mit den anderen Mädchen die Treppe hinunter ins Wohnzimmer. Felis Mama hat für jedes Kind eine Baumwolltasche mit einer Fee vorbereitet und Textilfarben gekauft.

„Das ist ein richtiger Feengeburtstag, wie ich ihn mir gewünscht habe", ruft Feli glücklich und beginnt, ihre Tasche zu bemalen. „Jetzt fehlt nur noch Wilma."

Die anderen Mädchen schauen sie fragend an.

„Wer ist Wilma?", fragt Lisa.

„Wilma ist eine Waldfee", erklärt Felis Mama. „Jedes Jahr an Felis Geburtstag versteckt sie einen Schatz im Wald."

Yara schaut auf die Pappfee. „Ist das hier auf der Einladung auch Wilma?", fragt sie.

„Ja", antwortet Feli. „Wilma ist die beste Fee der Welt."

Yara streicht ihre Pappfee so gut es geht glatt. Dann malt sie weiter ihre Tasche an.

Gerade, als die Mädchen die Baumwolltaschen fertig bemalt haben, klingelt es. Sofort flitzen sie zur Haustür. Aber es ist niemand zu sehen. Feli schaut sich um.

„Da!", ruft sie. „Ein Brief! Der ist bestimmt von Wilma." Tatsächlich liegt auf der Fußmatte ein lilafarbener Briefumschlag.

„Mach schon auf!", drängelt Lotta. Feli öffnet den Umschlag und liest laut vor:

Liebe Feli,
liebe Geburtstagsgäste,

hier schreibt euch Wilma, die Waldfee. Wie jedes Jahr habe ich für dich und deine Freunde einen Schatz im Wald versteckt. Geht in den Wald. Dort, wo im Herbst eure Bastelsachen liegen, findet ihr den nächsten Hinweis.

Eure Wilma

Feli und die anderen schauen sich ratlos an. Bastelsachen im Wald? Was hat Wilma sich dabei gedacht? „Das können wir ja auf dem Weg in den Wald herausfinden", meint Felis Mama.

Der Wald beginnt gleich hinter dem Nachbarhaus. Lotta, Lisa und Feli rennen vor. Nur Yara bleibt lieber in der Nähe von Felis Mama.

„Ist der Wald nicht gefährlich?", fragt sie. Denn ihre Mutter hat ihr streng verboten, dorthin zu gehen. „Nein", beruhigt Felis Mama sie. „In unserem Land muss man keine Angst haben, wenn man am Tag durch den Wald geht." Yaras Mama hat oft Angst. Und Yara auch. Sie erinnert sich noch gut an die bösen Menschen mit den Gewehren in Morgenland. Und manchmal träumt sie davon. Aber jetzt mag sie nicht an die schlimmen Dinge denken. Nein. Sie will Wilma, die Waldfee, treffen und den Schatz finden und geht hinter den anderen her.

„Ich hab's", ruft Lotta, als sie zwischen den hohen Buchen hindurchgehen. „Bastelsachen im Wald – das sind doch Kastanien!"

Feli schlägt vor, zu dem großen Kastanienbaum an der Lichtung zu laufen. Und tatsächlich entdeckt

Lisa zwischen zwei Wurzeln einen weiteren lilafarbenen Briefumschlag:

„Sehr gut! Ihr habt das erste Rätsel gelöst. Hier ist der zweite Hinweis für euch: Geht dorthin, wo Wanderer Schutz suchen."

Feli lacht und ruft:
„Das ist einfach. Wir müssen zur Schutzhütte."
Sie kennt sich im Wald gut aus und rennt vor. Die anderen holen sie schnell ein. Nur Felis Mama hat es nicht so eilig und schlendert ein wenig verträumt hinter den Mädchen her. „Feli", flüstert Lisa. „Meinst du, es gibt wirklich eine Waldfee, die Wilma heißt? Oder hat deine Mama das alles für uns gemacht?"
„Ich glaube, das war Mama. Aber ich tue immer so, als würde ich an Wilma glauben."
„Ach, jedes Kind weiß doch, dass es Feen nur im Märchen gibt", mischt Lotta sich ein.
Yara hat alles gehört. Sie steckt die Pappfee in ihre Hosentasche.
„Ich weiß, dass es dich gibt, Wilma!", flüstert sie so leise, dass es niemand hören kann. An der Schutz-

hütte suchen die Mädchen nach einem weiteren Briefumschlag. Drinnen und draußen und rundherum. Aber sie finden nichts.

„Schaut doch noch mal genau hin", meint Mama.

Feli und Lisa schauen sich verschmitzt an.

„Siehst du, es war bestimmt Mama. Woher sollte sie sonst wissen, dass wir hier suchen müssen?", flüstert Feli.

Yara tastet mit ihren Händen die Bank ab und findet einen weiteren Umschlag. Voller Stolz öffnet sie ihn und liest vor:

> „Das habt ihr gut gemacht. Der nächste Hinweis führt euch zum Ziel: Unter tausend wilden Blumen liegt ein Glitzerschatz vergraben."

Die Mädchen überlegen.

„Wo gibt es tausend wilde Blumen?", fragt Lisa.

„Eigentlich überall jetzt im Frühling", meint Feli und denkt dabei an die Märzenbecher, den Bärlauch und den Waldmeister, an denen sie schon vorbeigerannt sind.

„Aber an der Lichtung stehen doch die allermeisten Blumen", findet Lotta, und die anderen geben ihr recht.

Yara erreicht die Lichtung zuerst. Sie kann es kaum erwarten, endlich die Waldfee zu sehen. Aber weit und breit sieht man nur Wiesen und Bäume. Ja, und wirklich Tausende von Blumen: Wiesenschaumkraut, Veilchen und Vergissmeinnicht teilen sich die Lichtung mit verschiedenen Gräsern.

„Irgendwo hier muss der Schatz versteckt sein", ruft Feli, und alle beginnen, zu suchen.

Aber das Gras ist hoch und die Lichtung groß. Von einem Schatz keine Spur.

„Hier ist eine Schippe", ruft Lisa schließlich.

Neben einem frischen Erdhaufen mitten auf der Wiese liegt tatsächlich so ein Spaten, wie Mama ihn im Garten benutzt.

„Dann müssen wir hier buddeln", schlägt Lotta vor. Und weil Feli Geburtstag hat, darf sie das tun. Nach kurzer Zeit stößt sie mit dem Spaten auf etwas Festes. Nun buddeln alle mit den Händen weiter. Eine silberfarbene Keksdose kommt zum Vorschein und Feli nimmt sie stolz heraus und pustet die Erde vom Deckel. Vorsichtig klappt sie den Deckel auf. In der

Dose liegen vier kleine Päckchen und ein Brief:

Herzlichen Glückwunsch,
liebe Feli, Yara, Lisa und Lotta!
Nun dürft ihr eure Geschenke öffnen. Viel
Spaß damit und bis zum nächsten Jahr!
Eure Waldfee Wilma

Feli verteilt die Päckchen. Jedes einzelne glänzt in lila
Geschenkpapier und hat eine Glitzerschleife, an der
ein Namensschild baumelt. Yara staunt. Die Waldfee kennt ihren Namen! Ihr neues Land ist wirklich
ein Wunderland. Man kann durch den Wald schlendern, ohne Angst zu haben. Und für Kinder gibt es
Geburtstagsfeen. Wenn sie Wilma doch nur treffen
könnte!
In jedem Päckchen sind ein Armband mit funkelnden
Perlen, eine Packung Schokolinsen und eine kleine
Tüte Gummibärchen. Feli hilft Yara, ihr Armband um-
zumachen und Yara hilft Feli. „Es ist wunderschön",
meint Yara und die anderen stimmen ihr zu.
Yara ist jetzt mittendrin. Auch als sie vergnügt zurück

zu Felis Haus traben. Dort hat Felis Papa schon Pizza vorbereitet. Beim Abendessen erzählen die Mädchen ihm von der Schatzsuche und den Briefen der Waldfee.

Spät am Abend liegt Yara im Bett und versucht, einzuschlafen. Sie hält das Armband in der einen, die zerknitterte Pappfee in der anderen Hand. Yara denkt an das Haus von Feli. Es kam ihr riesengroß vor für drei Leute. Das Armband glitzert im Schein ihrer Nachttischlampe. Yara findet es zauberhaft. Das kann nur von einer echten Fee sein, denkt sie. Und der Pappfee flüstert sie zu:

„Wilma, bitte erfülle mir einen Wunsch. Morgen werde ich dich im Wald suchen."

2. Wilma gibt es wirklich!

„Yara, nimmst du dein Armband auch mit in die Schule?", ruft Feli Yara am nächsten Morgen schon von Weitem zu und wedelt mit dem linken Arm, damit Yara ihr Glitzerarmband sieht.

„Ja, klar", antwortet Yara und winkt zurück. Auch sie hat ihr Armband um. Und sie hat Pläne. „Gehen wir heute Nachmittag wieder in den Wald?", fragt Yara, als Feli gerade bei ihr angekommen ist. „Ich muss unbedingt die Waldfee treffen." Feli lacht.

„Aber, Yara! Es gibt doch gar keine echten Feen! Meine Mutter hat Wilma erfunden. Da bin ich mir ziemlich sicher. Und ich tue ich immer noch so, als würde ich daran glauben, weil ich die Geschichte schön finde. Aber jedes Kind weiß doch, dass es Feen nur im Märchen gibt."

Yara lässt sich von Felis Belehrung nicht im Geringsten beeindrucken.

„Ich bin mir ganz sicher, dass es Wilma wirklich gibt", sagt sie bestimmt. „Und ich werde sie heute Nachmittag im Wald finden. Kommst du mit? Bitte, Feli!"

Feli denkt einen Moment nach. Sie glaubt zwar nicht, dass es Wilma gibt. Aber wenn Yara wirklich recht hat, will sie die Fee natürlich auch sehen.

„Na gut", antwortet sie schließlich, als sie schon fast an der Schule sind. „Warum willst du die Fee denn eigentlich so dringend treffen?"

Yara macht ein ernstes Gesicht und holt tief Luft.

„Weil Feen Wünsche erfüllen."

„Und welchen Wunsch soll Wilma dir erfüllen?", möchte Feli wissen.

Genau in diesem Moment kommen Lotta und Lisa auf die beiden zugestürmt. Natürlich haben auch sie ihre Glitzerarmbänder um.

„Das erzähle ich dir heute Nachmittag", flüstert Yara Feli zu.

„Abgemacht", sagt Feli, bevor alle vier Mädchen

gemeinsam im Schulgebäude verschwinden.

Yara klingelt pünktlich um drei. Feli hat schon ihre
Turnschuhe zugebunden und muss nur noch Mama
Bescheid sagen. „Ich geh mit Yara in den Wald!", ruft
sie irgendwo in das große Haus hinein, und als ein
„Okay" zurückkommt, schließt sie die Tür hinter sich.
„Also," fragt Feli gleich an der Haustür, „welchen
Wunsch soll Wilma dir erfüllen?"
„Sie soll meinen Papa wieder lebendig machen", sagt
Yara, als sei das für eine Fee die selbstverständlichs-
te Sache der Welt.
Feli bleibt stehen. Sie kann nicht glauben, was Yara
gerade ausgesprochen hat.
„Dein Papa ist tot?", fragt sie. „Ich dachte, er wäre
noch in Morgenland!"
Yara zögert. Jetzt ist es raus. Zum ersten Mal. Bis
jetzt hat sie kein Kind aus der Schule in ihr Geheimnis
eingeweiht. Aber es fühlt sich okay an, es ausgesprochen zu haben. Und es war gar nicht so schwer, es
auf Deutsch zu sagen. Feli hat nicht gelacht. Sie sieht
eher besorgt aus. Da beginnt Yara, zu erzählen. Da-

von, dass ihr Papa im Krieg in Morgenland gestorben ist. Böse Menschen mit Gewehren haben ihn erschossen. Sie erzählt von der Flucht mit ihrer Mutter und ihrer kleinen Schwester. Vom langen Fußmarsch und der wackeligen Bootsfahrt über ein großes Meer, die endlos erscheinende Busfahrt, bis sie endlich in Deutschland ankamen.

„Jetzt sind wir zwar sicher," meint Yara, „aber meinen Papa vermisse ich immer noch ganz doll."

Feli hat aufmerksam zugehört. Und sie fühlt sich komisch: Yara geht schon fast zwei Jahre in ihre Klasse, aber von der Geschichte wusste Feli nichts. Nie hatte sie sich getraut, Yara nach ihrem alten Leben in Morgenland zu fragen. Feli nimmt Yaras Hand. Etwas anderes fällt ihr gerade nicht ein, um sie zu trösten.

„Wir finden Wilma bestimmt", sagt sie. „Und dann soll sie unsere Wünsche erfüllen."

„Wieso unsere Wünsche?", fragt Yara. „Hast du etwa auch einen?"

„Ja", antwortet Feli.

„Aber du hattest doch gerade erst Geburtstag und so viele Geschenke bekommen", wendet Yara ein.

„Das stimmt", meint Feli. „Aber mein größter Wunsch ist nicht in Erfüllung gegangen. Ich hatte mir ge-

wünscht, dass Mama und Papa sich wieder vertragen."
Feli hat es noch nicht gewagt, mit Lotta oder Lisa
darüber zu sprechen. Aber bei Yara ist ihr Geheimnis
gut aufgehoben. Das spürt sie.

„Meine Eltern streiten nur noch. Und neulich habe
ich abends heimlich an der Tür gelauscht. Da haben
sie gesagt, dass Papa bald ausziehen will. Und dass
Mama und ich dann nicht mehr alleine in dem Haus
wohnen bleiben können, weil es zu teuer für uns zwei
ist. Ich habe furchtbare Angst davor. Und vor allem
habe ich Angst, dass Papa mich dann nicht mehr lieb
hat."

Yara weiß für einen Moment nicht, was sie darauf
antworten soll. Sie hatte nicht damit gerechnet, dass
es in ihrem neuen Land auch Kinder gibt, die Angst
haben. Hier wirken immer alle so reich und gesund.
Müssten sie da nicht glücklich sein? Vor allem, wenn
sie in einem Haus wohnen, das einem Schloss
gleicht? Aber auch in einem Schloss scheint es Unglück zu geben.

„Komm, wir gehen dahin, wo gestern der Schatz versteckt war und fragen Wilma, ob sie uns helfen kann",
sagt Yara schließlich.

Der Weg zur Lichtung führt sie vorbei an den hohen

Tannen, den dicken Buchen und den knorrigen Eichen bis zu der großen Kastanie, an der am Tag zuvor Wilmas zweiter Brief lag. Feli und Yara sind so schnell gerannt, dass sie ganz aus der Puste sind und erst einmal Luft holen müssen. „Hier irgendwo muss sie doch sein", meint Yara. Die Mädchen schauen sich um. Aber weit und breit sehen sie keine Waldfee. „Wir müssen sie rufen, sonst weiß sie ja gar nicht, dass wir sie suchen", meint Feli und wie aus einem Mund rufen sie: „Wilma! Wilma!" Aber alles, was sie hören, ist das Rascheln der Bäume im Wind.

„Lass uns tiefer in den Wald hineingehen", schlägt Feli vor und Yara folgt ihr über die Lichtung in den gegenüberliegenden Wald.

Hier stehen keine Laubbäume mehr, sondern nur Tannen, dicht an dicht, und das macht den Wald sehr dunkel. Yara ruft noch einmal laut „Wilma!". Aber eine Antwort bekommt sie noch immer nicht.

„Und was, wenn du doch recht hattest und es Wilma wirklich nicht gibt?", fragt Yara ängstlich. Der Wald kommt ihr auf einmal unheimlich vor.

„Dann gehen wir vielleicht besser nach Hause", meint Feli. Die Mädchen nehmen sich wieder an die Hand und wollen gerade zurück zur Lichtung gehen, als Yara etwas Merkwürdiges entdeckt.

„Guck mal, Feli, der Vogel da!"

Feli dreht sich um und sieht jetzt auch den knallgelben Vogel mit schwarzen Flügeln. Er sitzt auf einem Tannenzweig, guckt die Mädchen neugierig an und scheint nicht die geringste Angst vor ihnen zu haben.

„Wow", staunt Feli, „so einen schönen Vogel habe ich hier noch nie gesehen."

Als hätte der Vogel das verstanden, hüpft er nun von einem Ast zum nächsten und pfeift dazu „bülo, bülo". Fasziniert folgen Feli und Yara dem Vogel und seinem Zwitschern immer tiefer in den Wald hinein, über Wurzeln und Äste, weit weg vom Wanderweg. Plötzlich wird es sehr hell. Feli und Yara schauen sich um. „Wo kommt dieser helle Schein her?", fragt Feli.

„Von hier oben", antwortet eine Stimme. Feli und Yara zucken vor Schreck zusammen und blicken hinauf.

„Wow!", ruft Feli wieder, denn sie traut ihren Augen kaum. Da schwebt eine kleine Fee zwischen zwei Baumwipfeln. Ihre Haare glänzen golden, ihr Kleid schimmert türkis und ihre Flügel schlagen schnell wie bei einem Kolibri und machen dabei ein leises Summ-Geräusch. Ohne ein Wort zu sagen, starren die Mädchen Wilma an. Ob sie es wirklich ist? Yara findet zuerst ihre Sprache wieder und traut sich, zu fragen: „Bist du etwa ...“

„Wilma, die Waldfee“, antwortet das kleine Wesen, als hätte es mit der Frage gerechnet. „Ja, die bin ich.“

Wilma landet sanft auf dem weichen Waldboden, und die Mädchen müssen nun nicht mehr nach oben, sondern nach unten schauen, um mit der Fee zu sprechen, denn sie geht ihnen gerade mal bis zum Bauchnabel. Der knallgelbe Vogel hüpft auf den Boden und guckt zu Wilma hinauf.

„Gut gemacht, Mirador. Du hast Feli und Yara den Weg gezeigt.“

Wilma wirbelt ihren Zauberstab dreieinhalb Mal in der Luft herum und auf den Waldboden fallen Körner, die Mirador genüsslich aufpickt.

„Was ist das für ein Vogel? Und woher kennst du unsere Namen?“, platzt es jetzt aus Feli heraus.

„Mirador ist ein Pirol“, antwortet die kleine Fee mit einem Lächeln. „Und eure Namen konnte ich mir seit dem Kindergeburtstag gestern so gerade noch merken.“

Feli kann noch immer nicht glauben, was sie sieht.

„Dann hast wirklich du gestern den Schatz versteckt

und bist keine Erfindung meiner Mutter?"

Jetzt muss Wilma lachen. „Du siehst mich doch, oder?"

Feli nickt.

„Na also, dann bin ich wohl echt."

Als ob sie das beweisen wollte, gibt sie Feli die Hand. Feli spürt ein leichtes Kribbeln. Und als Wilma ihre Hand wieder wegnimmt, bleibt goldener Feenstaub an ihren Fingern zurück. Feli und Yara sind sprachlos. Noch immer sind sie geblendet von dem hellen Schein, der die kleine, zarte Fee umgibt. Und jetzt auch noch Feenstaub auf Felis Hand! Es kommt ihnen vor wie ein wunderbarer Traum. Wilma lächelt noch immer freundlich.

„Wollt ihr mir ein bisschen helfen?", fragt sie. Die Mädchen nicken. „Das kranke Rehkitz da vorne braucht unsere Hilfe. Ihr könnt diese Kräuter pflücken und auf seine Wunde legen."

Erst jetzt entdecken Feli und Yara das kleine braune Geschöpf, das nur ein paar Meter von ihnen entfernt auf einem Moosbett liegt und sie mit großen Augen ansieht. Es hat eine Wunde am Bein. Wilma legt vorsichtig die Kräuter darauf, und die Mädchen tun es ihr nach. Dann hält Wilma den Kopf des Rehkitzes, schließt die Augen und guckt sehr angestrengt. Ob sie das Reh gerade gesund zaubert? Feli und Yara schauen sich fragend an.

„Kannst du Tiere heilen?", fragt Yara.

Wilma lächelt wieder, und ihr Gesicht sieht dabei sehr sanftmütig aus.

„Zumindest kann ich ihnen helfen", erklärt die kleine Fee. „Das ist meine Aufgabe hier im Wald. Genauso wie es meine Aufgabe ist, für Geburtstagskinder Schätze zu verstecken. Und deswegen muss ich jetzt auch los. In der Gartenstraße feiert heute ein Junge seinen Geburtstag und ich muss noch die Schatzsuche organisieren. Kommt mich mal wieder besuchen!"

Ehe Feli und Yara weiterfragen können, beginnen die Flügel, summend zu schlagen und Wilma schwebt zwischen den Tannen hoch in die Luft.

„Mirador zeigt euch den Weg zurück zur Lichtung", ruft Wilma noch von oben. Dann ist sie verschwunden. Und mit ihr der helle Schein.

„Das glaubt uns kein Mensch!", murmelt Feli vor sich hin. „Ich kann es ja selbst kaum glauben", sagt Yara. Aber dann haben sie keine Zeit mehr, darüber nachzudenken, denn Mirador pfeift „bülo, bülo" und hüpft erneut von einem Ast zum anderen. Die Mädchen folgen ihm bis zur Lichtung. „Bis bald", sagen sie zu dem knallgelben Vogel und Mirador zwitschert. „Vielleicht soll das auch Tschüss heißen", meint Feli. Sie drehen sich noch einmal um. Dann überqueren sie die Lichtung und schlendern durch den Laubwald langsam zurück zur Waldstraße.

„Glaubst du, die Waldfee kann nur Tieren helfen?", fragt Yara.

„Wenn sie Tieren helfen kann, dann bestimmt auch Kindern", meint Feli.

„Sollen wir sie morgen wieder besuchen?", schlägt Yara vor.

„Auf jeden Fall", meint Feli. „Aber das bleibt unser Geheimnis, oder?"

„Einverstanden. Sind wir jetzt Freundinnen?"

„Allerbeste Freundinnen", sagt Feli und nimmt Yara an die Hand.

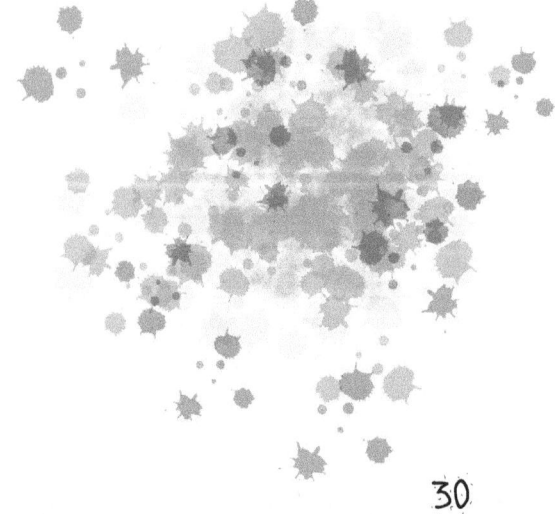

3. Die Sache mit Mama und Papa

„Gehst du bitte Hände waschen, Feli?", ruft Mama
aus der Küche.

Feli steht vorm Aquarium und beobachtet die Clown-
fische.

„Feli? Was ist jetzt? Geh bitte Hände waschen! Wir
wollen Abendbrot essen."

Feli geht aufs Gästeklo und lässt den Wasserhahn
ein paar Sekunden laufen, ohne ihre Hände darunter
zu halten. Der Feenstaub darf nicht abgehen! Und
Mama wird schon nichts merken.

Tatsächlich scheinen Mama und Papa beim Abendessen andere Probleme zu haben als Felis ungewa-

schene Hände. Den goldenen Glitzerstaub an Felis rechtem Daumen haben sie zumindest nicht bemerkt.

„Wie war es denn im Wald?", fragt Mama.

„Gut", antwortet Feli. „Wir haben einen Pirol und ein Rehkitz gesehen."

Von der Begegnung mit Wilma erzählt sie nichts. Schließlich ist es ein Geheimnis. Außerdem gucken Mama und Papa sich schon die ganze Zeit so komisch an. Sie wundern sich nicht einmal, dass Feli einen so seltenen Vogel gesehen hat. Haben sie überhaupt zugehört?

„Wir müssen dir etwas sagen, Feli", verkündet Papa. „Deine Mama und ich, wir ...", stammelt er, „wir möchten nicht mehr zusammenleben."

Feli lässt ihr Käsebrot auf den Tisch fallen und schaut ihre Eltern entsetzt an. Nun hat sie Wilma, die Waldfee, getroffen, und trotzdem ist das passiert, wovor sie die größte Angst hatte: Ihre Eltern machen ernst. Sie wollen sich trennen! „Feli, sei nicht traurig", sagt Mama und legt ihre Hand auf Felis Schulter. „Du kannst Papa besuchen, wann immer du willst. Aber du hast doch gemerkt, dass wir uns in letzter Zeit immer gestritten haben. Wir haben uns einfach nicht mehr so lieb wie früher."

Feli springt vom Tisch auf und rennt aus dem Esszimmer.

„Ihr seid so was von gemein", brüllt sie durchs Treppenhaus. „Denkt ihr vielleicht auch mal an mich?"

Dann hören Mama und Papa nur noch das Knallen der Kinderzimmertür. Drinnen klettert Feli in ihr Hochbett und versteckt sich unter dem Glitzerhimmel. Die Tränen fließen wie Bäche über ihre Wangen. Sie ist so traurig und wütend!

Es klopft an der Tür.

„Lasst mich in Ruhe, verdammt noch mal!", schreit Feli und zieht sich die Decke über den Kopf. Wie gemein Erwachsene doch sind! Warum entscheiden die so etwas alleine? Als würde es Feli nichts angehen, wenn Papa plötzlich auszieht.

Feli spürt eine Hand, die vorsichtig über ihre Bettdecke streicht. Es ist Papas.

„Du solltest nicht reinkommen!", grummelt Feli und zieht die Bettdecke ein Stück runter.

Papa streichelt ihr über das blonde Haar.

„Ich weiß", sagt er ganz ruhig. „Tut mir leid."

Feli mag Papas Stimme. Sie klingt tief und sanft. Als Feli ein Baby war, konnte er sie wunderbar beruhigen.

Das sagt zumindest Mama. Feli kann sich ja nicht daran erinnern.

„Mama und ich haben dich immer lieb!", versichert Papa. „Du bist unsere Prinzessin, ganz egal, ob wir zusammenwohnen oder nicht. Du bleibst mit Mama hier wohnen und ich ziehe in die Feldstraße. Das ist doch gar nicht weit. Da kannst du mich sogar zu Fuß besuchen."

„Komm in mein Bett!", befiehlt Feli und guckt dabei sehr böse.

„Kracht das dann nicht zusammen?", fragt Papa. Feli kann jetzt nicht mehr böse gucken. Sie muss schmunzeln. Papa klettert in seinem schicken An-zug von der Arbeit in das weißlackierte Prinzessin-nen-Hochbett mit Glitzerhimmel und legt sich neben seine Tochter. Und das Bett hält das Gewicht von Feli und Papa aus.

„Aber das Haus ist doch für Mama und mich viel zu groß", fällt Feli ein und sie beginnt erneut, zu schluch-zen. „Und neulich habt ihr gesagt, dass es dann auch zu teuer ist." Papa seufzt.

„Ja, das Haus ist wirklich zu groß und zu teuer für euch zwei. Aber erst mal könnt ihr hier wohnen blei-ben, bis wir eine andere Lösung gefunden haben."

Felis Tränen fließen weiter, und sie weiß nicht, was sie dagegen tun kann. Aber bei Papa im Arm zu liegen, tut gut. „Schläfst du heute noch hier, Papa?", fragt sie.

Papa nickt.

„Bleibst du bei mir, bis ich eingeschlafen bin?"

„Okay", sagt Papa und deckt Feli und sich zu. Unter der Decke ist es mollig warm und Feli findet es sehr gemütlich, sich bei Papa anzulehnen.

„Oh, hast du wieder mit Glitzerkleber gebastelt?", fragt Papa, als er den Feenstaub an Felis Daumen sieht.

„Äh … ja. Das wasch ich morgen ab, Papa, jetzt bin ich zu müde", murmelt Feli.

„Schon in Ordnung", sagt Papa und knipst das Licht aus.

„Was ist denn mit dir los?", fragt Yara am nächsten Morgen. Felis Augen sehen rot und feucht aus, so, als hätte sie lange geweint.

„Papa zieht aus", antwortet Feli und mehr als diese drei Worte braucht es nicht. Yara nimmt Feli in den

Arm.

„Ich verstehe die Erwachsenen nicht", meint sie. „Sie machen immer alles kaputt. Entweder die Papas werden erschossen oder sie ziehen einfach aus."

„Und an uns Kinder denken sie dabei nicht", ergänzt Feli. Langsam schlendern sie die Waldstraße entlang in Richtung Schule.

„Ich werde Papa bestimmt ganz doll vermissen", schluchzt Feli und wischt sich mit dem Ärmel eine Träne von der Wange.

„Das Gefühl kenne ich", sagt Yara. „Ich vermisse meinen Papa jeden Tag, vor allem seine Geschichten. Er hat mir immer Märchen erzählt. Von Feen und Prinzessinnen. Und danach konnte ich immer gut einschlafen. Aber weißt du was? Wir wollten doch sowieso heute Nachmittag Wilma besuchen. Dann soll sie uns unsere Wünsche erfüllen und alles wird wieder so wie früher."

Feli hatte Wilma, die Waldfee, schon fast wieder vergessen. „Na klar!", sagt sie. „Das machen wir."

Feli schaut auf ihre rechte Hand. Der Feenstaub ist verschwunden. Sicher habe ich ihn heute Nacht aus Versehen an der Bettwäsche abgewischt, denkt sie.

4. Wilma und die Zaubersteine

Am Nachmittag regnet es in Strömen.
„Willst du wirklich bei dem Wetter in den Wald?",
fragt Mama.
„Du sagst doch sonst auch immer, dass ich nicht aus
Zucker bin!", antwortet Feli genervt.
Sie ist noch immer wütend auf Mama und Papa. Da
hilft es jetzt auch nicht, dass Mama ihre Hand sanft
auf Felis Schulter legt.
Feli zieht gerade ihre Matschhose an, als Yara klingelt.
Vor der Tür steht ein pitschnasses Mädchen. Denn
Yaras Baumwolljacke ist alles andere als regendicht.
„Du bist ja jetzt schon ganz nass", ruft Feli. „Möchtest

du von mir eine Regenjacke haben? Ich habe zwei, und wir sind doch ungefähr gleich groß. Die müsste dir passen."

Feli reicht Yara ihren roten Regenparka und Mama holt Gummistiefel aus dem Keller, die Feli zu klein sind. Yara scheint kleinere Füße zu haben, denn die Stiefel passen ihr. Zufrieden gucken Feli und Yara mit ihren Kapuzen auf dem Kopf in den großen Spiegel im Flur und zwinkern sich zu. Jetzt sind sie für jedes Wetter gewappnet – und vor allem für eine neue Begegnung mit Wilma.

„Viel Spaß und passt auf euch auf!", ruft Mama den Mädchen zu und schaut noch einen Moment hinterher, wie Feli Hand in Hand mit Yara Richtung Wald rennt.

Der Regen perlt an den Baumkronen so gut ab, dass es im Wald fast trocken ist und die Mädchen ihre Kapuzen absetzen können. Sie springen über Wurzeln und Steine. Auf dem Weg zur Lichtung spielen sie Fangen. Dann tanzen sie und lachen. Für einen Moment vergessen sie, warum sie in den Wald gegangen sind.

„Glaubst du, wir finden Wilma wieder?", fragt Feli.

„Na klar", meint Yara. „Wir müssen doch nur Mirador suchen. Und der ist so gelb, dass man ihn immer wieder findet."

Sie laufen über die Lichtung in den gegenüberliegenden Wald, genau an die Stelle, an der sie Mirador am Tag zuvor zum ersten Mal gesehen haben.

„Mirador!", rufen sie wie aus einem Munde. Es dauert eine Weile, aber dann hören sie tatsächlich ein „bülo-bülo"-Pfeifen. Es scheint immer näher zu kommen. Wenig später entdecken sie Mirador auf einem Ast.

„Können Vögel lächeln?", fragt Yara.

„Ich weiß nicht", meint Feli. „Aber irgendwie kommt es mir auch so vor, als würde Mirador uns anlächeln."

Dann folgt dasselbe Spiel wie am Vortag. Mirador fliegt vor, von einem Ast zum anderen, und die Mädchen laufen hinterher.

Zwischen zwei Tannen kommt ihnen das Rehkitz entgegen.

„Guck mal, Feli", ruft Yara. „Das Rehkitz kann schon wieder laufen!"

Als wollte es sich bei den Mädchen für die Hilfe bedanken, stupst es sie an und lässt sich streicheln.

„Wie niedlich es ist", meint Feli.

Die Mädchen sind so vertieft in das zutrauliche Tierkind, dass sie den hellen Schein über ihnen gar nicht bemerkt haben. Erst als das Summen der Flügel immer lauter wird, entdecken sie Wilma.

„Da seid ihr ja schon wieder!", ruft die Fee und landet neben dem Rehkitz.

Ihre Flügel glänzen im nassen Zustand noch viel mehr als sonst. Und Yara fällt auf, dass Wilma nur ein kleines bisschen größer ist als das Rehkitz.

„Was treibt euch bei dem Wetter in den Wald?", fragt Wilma, und wie immer lächelt sie.

Ihre grünen Augen, die kleine Stupsnase und die rosigen Wangen kommen Feli und Yara sehr vertraut vor, so als würden sie Wilma schon lange kennen. Die beiden haben sich vorgenommen, ihre Fragen diesmal sofort zu stellen. Schließlich ist es dringend!

„Eigentlich wollten wir dich etwas fragen", murmelt Yara. „Nur zu!", sagt Wilma.

„Kannst du unsere Wünsche erfüllen?"

Wilma lächelt.

„Das kommt drauf an. Ich kann viele Wünsche erfüllen. Aber nicht alle. Was ist denn dein Wunsch, Yara?"

Yara erzählt Wilma die Geschichte vom Tod ihres

Vaters und davon, wie sehr sie ihn vermisst.

„Ich wünsche mir, dass mein Papa wieder lebt",
sagt sie. Als Yara diesen Satz ausgesprochen hat,
verschwindet das Lächeln aus Wilmas Gesicht. Sie
schaut jetzt sehr ernst und scheint nachzudenken.
Yara beobachtet sie erwartungsvoll. Kann Wilma
nicht einfach ihren Zauberstab rausholen und Papa
herzaubern? So wie die Körner für Mirador? Die ka-
men doch auch aus dem Nichts! Aber Wilma nimmt
nur Yaras Hand und spricht:

„Was erwachsene Menschen zerstört haben, kann
auch eine Fee nicht wieder rückgängig machen.
Einen Menschen wieder zum Leben zu erwecken,
das steht nicht in meiner Macht. Aber sei nicht
enttäuscht. Erzähl mir, wann du deinen Papa am
schlimmsten vermisst."

Yara stehen die Tränen in den Augen. Mit dieser Antwort hatte sie nicht gerechnet.

„Nachts, wenn ich Angst habe, dann vermisse ich ihn
am meisten", erzählt sie tapfer.

Wilma hört geduldig zu, dann holt sie den Zauberstab aus ihrer Tasche, nimmt Yaras Hand, wirbelt den
Zauberstab so schnell, dass Yaras Augen nicht folgen
können und murmelt dazu etwas auf einer anderen

Sprache. Ein Geräusch so schön wie Harfentöne erklingt und Yaras Hand ist von einem hellen Schein umgeben. Ungläubig blickt Yara auf ihre Hand und öffnet sie.

„Wow!", ruft Feli.

Yara hält einen funkelnden Stein in der Hand. Er leuchtet grün und blau, und die Mädchen finden ihn wunderschön.

„Nimm diesen Stein, Yara, und lege ihn nachts unter dein Kopfkissen", spricht die kleine Waldfee und blickt dabei zu Yara hinauf. „Es ist ein Traumstein. Er wird dafür sorgen, dass du dich nicht mehr so einsam fühlst."

Jetzt endlich findet Yara ihre Sprache wieder.

„Danke", sagt sie zu Wilma. „Der ist wunderschön!"

Wilma lächelt zufrieden.

„Nun zu dir, Feli. Was ist dein Wunsch?"

Feli erzählt Wilma vom Abend davor.

„Meine Eltern haben sich getrennt. Und mein Papa will jetzt ausziehen. Dann wohne ich mit Mama alleine in einem viel zu großen Haus. Ich wünsche mir, dass Mama und Papa sich wieder lieb haben und alles so bleibt, wie es ist."

Feli klingt verzweifelt. Wilma seufzt tief und nimmt

ihre Hand. Und wie bei Yara guckt sie auch bei Felis Wunsch ernster als sonst.

„Ihr zwei habt es wirklich nicht leicht mit den Erwachsenen", meint Wilma. „Wenn erwachsene Menschen Entscheidungen treffen, kann auch eine Fee sie nicht daran hindern. Aber sag mir, wovor du am meisten Angst hast, Feli!"

Feli überlegt einen Moment, dann beginnt sie, zu erzählen: „Am Anfang dachte ich, Papa hätte mich nicht mehr lieb. Aber seit gestern Abend weiß ich, dass nur er und Mama sich nicht mehr lieb haben. Jetzt wäre für mich das Schlimmste, wenn wir unser Haus verkaufen müssten. Es ist doch mein Zuhause!" Wilma holt erneut ihren Zauberstab heraus, wirbelt ihn wieder in der Luft und spricht dazu einen anderen Spruch als bei Yara - aber immer noch in dieser fremden Sprache, die die Mädchen nicht verstehen. Wieder erklingt das harfenähnliche Geräusch, und auch Felis Hand scheint nun zu leuchten. Feli öffnet die Hand und traut ihren Augen nicht: ein leuchtend roter Stein, der unglaublich glitzert und funkelt.

„Das hier ist ein Ideenstein, und er ist für dich, Feli", erklärt Wilma. „Steck ihn in deine Hosentasche und behalte ihn immer bei dir. Dann wirst du eine gute Idee haben, wie du dein Zuhause retten kannst."

Feli bückt sich und umarmt Wilma.

„Dankeschön!"

Wilma fühlt sich so zart und klein und zerbrechlich an.

„Ich hoffe, dass die Steine euch helfen!", sagt Wilma.

„Ganz bestimmt", meint Feli. „Wenn Steine so doll leuchten, dann müssen sie doch Zauberkräfte haben."

Wilma schmunzelt wissend. Mirador beginnt, sein „bülo-bülo" zu pfeifen. Feli und Yara drehen sich um. Das Rehkitz und der Pirol haben alles mit angesehen und stehen noch immer neben Wilma. Vor lauter Wünschen und Zaubersteinen hatten sie die beiden ganz vergessen.

„Ich glaube, Mirador möchte euch jetzt zur Lichtung bringen", sagt Wilma. „Vielleicht kommt ihr mich mal wieder besuchen und erzählt mir, ob die Steine euch geholfen haben."

Die Mädchen versprechen es. Dann verabschieden sie sich und folgen Mirador durch den Wald. Yara und Feli schweigen. Beide halten sie ihren Stein in der Hand. Und beide können sie noch weniger als am Vortag glauben, was sie erlebt haben.

Als Mirador sich mit einem Lied verabschiedet hat, rennen sie über die Lichtung und schließlich durch den Laubwald. „Warte mal, Yara!", ruft Feli völlig außer Atem. „Unsere Abmachung von gestern gilt doch noch, oder? Wilma ist unser Geheimnis!"

„Klar ist sie das", stimmt Yara zu. „Und ich kann es kaum erwarten, dass Abend wird und ich den Stein unter mein Kissen legen kann."

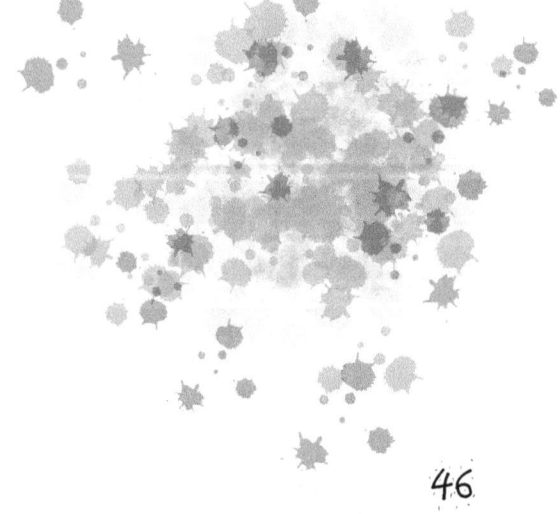

5. Träum süß, Yara!

Yara hat einen eigenen Haustürschlüssel, aber den braucht sie eigentlich nie. Ständig steht die Tür des Mehrfamilienhauses offen. So wie jetzt. Und die Männer, die rauchend vorm Eingang stehen, sind auch jeden Tag hier. Yara traut ihnen nicht. Deswegen rennt sie schnell die Treppen in den zweiten Stock hinauf. Den funkelnden, blaugrünen Stein hat sie in die Hosentasche gesteckt, damit man ihr Geheimnis nicht sofort sehen kann.

Oben in der Wohnungstür steht Samira. Sie hat Yara schon aus dem Fenster beobachtet. Nun steht sie im Türrahmen und guckt verschmitzt. Ihre schwarzen Haare hat sie zu zwei süßen Zöpfen gebunden. Samira springt in die Luft und grinst.

„Na, meine Kleine", ruft Yara ihr liebevoll zu und streicht ihr über den Kopf.

„Wo warst du?", fragt Samira.

„Mit Feli im Wald Verstecken spielen", antwortet Yara, während sie ihre neuen Gummistiefel auszieht und ordentlich in den Flur stellt.

Ihren Regenparka lässt sie an.

„Spielst du mit mir? Bitte, Yara!", bettelt Samira.

„Gleich", sagt Yara und geht in die Küche.

Dort steht Mama und kocht Reis. Yara streckt sich und gibt ihr einen Kuss auf die Wange. Mama blickt vom Kochtopf auf und betrachtet Yara von oben bis unten.

„Wo hast du die Jacke her?", fragt sie.

„Die hat Feli mir geschenkt."

„Geschenkt? Wirklich geschenkt?", fragt Mama ungläubig.

„Ja, geschenkt. Du kannst ihre Mutter fragen", sagt Yara, obwohl sie genau weiß, dass ihre Mama das nicht kann.

Denn auf Deutsch kann sie erst ein paar Worte sagen – und Jacke und Geschenk gehören nicht dazu.

„Du hast wirklich eine gute Freundin gefunden",
meint Mama und rührt wieder im Topf.
Manchmal denkt Yara, dass auch Mama eine Freundin in diesem Land guttun würde. Dann würde sie die
Sprache lernen und sich nicht so einsam fühlen.
Yara geht ins Schlafzimmer. Gerade, als sie den Stein
aus ihrer Hosentasche holen will, tapst Samira her-
ein.
„Fragst du mal bitte Mama, ob wir ihr helfen können?",
befiehlt Yara, um Samira abzulenken.
„Na gut", antwortet Samira und verschwindet Richtung Küche. Yara kramt eilig in ihrer Hosentasche,
holt den grünblau funkelnden Traumstein heraus,
betrachtet ihn kurz und legt ihn unter ihr Kopfkissen.
„Was machst du da?", fragt Samira.
Sie ist schon aus der Küche zurück.
„Nichts, was fünfjährige kleine Schwestern zu inte-
ressieren hat", sagt Yara mit einem liebevollen Lächeln und Samira weiß, dass es nicht böse gemeint
ist.
„Wir können Mama beim Gemüseschneiden helfen",
berichtet sie.
Sie schiebt zwei Stühle aus dem Wohnzimmer in die
enge Küche, denn die Arbeitsplatte ist viel zu hoch

für Kinder. Die Mädchen stellen sich darauf und schneiden Tomaten und Auberginen in kleine Stücke. Mama zerkleinert Zwiebeln. Yara mag diese Momente, wenn sie alle drei etwas zusammen machen. Manchmal singen sie dabei Lieder aus ihrem alten Land. Aber heute sind alle sehr ruhig. Mama sieht müde aus, denkt Yara. „Was hast du denn mit Feli gemacht?", fragt Mama beim Essen. „Wir haben im Wald Verstecken gespielt", antwortet Yara. Mama guckt jetzt sehr streng.

„Ich möchte nicht, dass ihr immer in den Wald geht. Das ist viel zu gefährlich."

„Nein, das ist es nicht. Es ist sogar wunderschön dort. Und du solltest auch mal dorthin gehen!", meint Yara.

Früher hat Mama Yara die Welt erklärt. Aber seit sie in dem neuen Land sind, ist es manchmal umgekehrt.

„Ich will auch in den Wald!", ruft Samira dazwischen.

„Aber wisst ihr was?", sagt Yara. „Wald macht müde. Ich geh jetzt schlafen. Morgen muss ich ja zur ersten Stunde." Eigentlich ist Yara noch gar nicht müde. Aber beim Kochen und Essen hat sie die ganze Zeit daran gedacht, was unter ihrem Kopfkissen liegt. Der Traumstein! Was wird er bewirken? Yara beeilt sich mit dem Zähneputzen und wirft sich ihr Nachthemd über. Dann geht sie noch einmal zu Mama und gibt ihr einen Gutenachtkuss.

„Träum süß, mein Schatz!", sagt Mama.

„Ja, hoffentlich", erwidert Yara, denn natürlich kann sie es kaum erwarten, herauszufinden, was es mit dem Traumstein auf sich hat.

Das Schlafzimmer ist eng und kahl. Ein weiß gestrichener Raum mit drei gleich großen Betten darin. Zwei an der linken Wand. Hier schlafen die Mädchen. Und eins an der rechten Wand. Hier schläft Mama. Einen Kleiderschrank haben sie noch nicht bekommen. Deswegen liegt ihre Kleidung ordentlich gestapelt neben dem Bett der Mama.

Yara hebt noch einmal das Kopfkissen. Der Traumstein ist noch da und funkelt! Dann steigt sie ins Bett und deckt sich zu.

„Liebe Wilma", flüstert sie. „Bitte mach, dass ich heute Nacht von Papa träume."

Sie schließt die Augen und wartet aufs Einschlafen. Dabei denkt sie ganz fest an ihren Papa. Daran, dass sie gar nicht mehr genau weiß, wie er zuletzt ausgesehen hat. Das einzige Foto, das ihr geblieben ist, zeigt die Eltern am Tag ihrer Hochzeit. Und das war vor neun Jahren. Aber einschlafen, wenn man es unbedingt will, ist gar nicht so einfach. Vor allem, wenn Mama und Samira noch nicht in ihren Betten liegen und man aus dem Wohnzimmer noch Geräusche hört. Yara öffnet die Augen wieder. Vielleicht war es doch zu früh zum Schlafen? Egal. Jetzt liegt sie im Bett. Sie denkt an die Begegnung mit Wilma heute. Wie wunderschön die Fee aussah. Und wie lieb sie ist! Samira und Mama schleichen sich ins Zimmer. Yara schließt wieder die Augen und tut so, als wäre sie schon eingeschlafen. Mama bleibt an Samiras Bett sitzen und summt leise ihr Gutenachtlied. Yara bekommt noch einen Kuss auf die Stirn. Dann geht auch Mama ins Bett, und es ist wieder leise im Raum. Aber Yara kann noch immer nicht schlafen. Und darüber ärgert sie sich sehr. Wie soll denn der Stein wirken, wenn sie nicht einschlafen kann? Yara wälzt sich hin und her. Mama und Samira schnaufen schon leise und regelmäßig. Sie scheinen eingeschlafen zu sein.

„Bitte, Wilma, mach, dass ich jetzt schlafen kann!", flüstert Yara.

Sie versucht, bis 200 zu zählen. Aber bei 85 wird ihr langweilig. Und eingeschlafen ist sie trotzdem nicht.

Dann schließt sie die Augen und sieht vor sich Wilma, die Waldfee. Die Regentropfen auf ihren zarten Flügeln, das Glitzern der Haare und des Kleides und das freundliche Lächeln dieses kleinen Wesens. Yara denkt noch lange über Wilma nach. Dann verlieren ihre Gedanken sich im Ungefähren und sie schläft endlich ein.

Yara sitzt mit Mama und Samira auf der Bank vor dem Haus in ihrem alten Land. Die Zeiten sind noch friedlich. Yara und Samira spielen mit den Nachbarskindern auf der Straße und Mama plaudert mit deren Müttern. Die Sonne scheint warm auf die staubige Straße. Da kommt Papa! Er ist es wirklich! Er kommt zu Fuß und Yara und Samira rennen auf ihn zu. Sie wollen ihn begrüßen. Aber je schneller sie rennen, desto weiter weg ist Papa. Sie rufen „Papa, warte!".

Aber der Abstand zwischen den Mädchen und ihrem Papa wird immer größer.

„Papa", schreit Yara.

„Pssst!", flüstert Mama. „Mein Schatz, du träumst."

Yara öffnet die Augen. Mama kniet vor ihrem Bett und streicht ihr über die Wangen. „Ich habe Papa gesehen", flüstert Yara. „Aber ich konnte ihn nicht umarmen." Mama sagt nichts und nimmt Yara einfach in den Arm. So lange, bis sie wieder eingeschlafen ist.

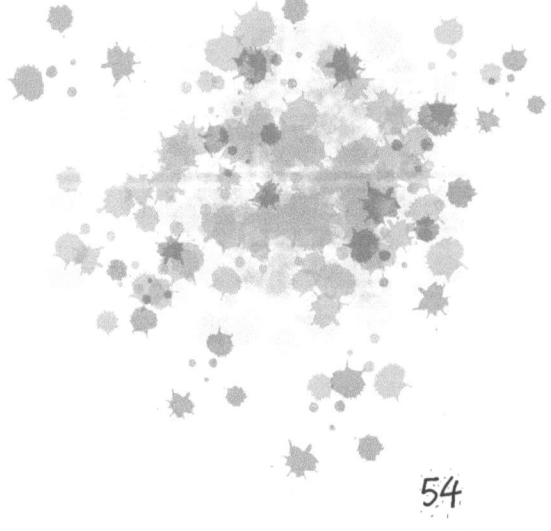

6. Lass dir was einfallen, Feli!

„Ein Käsebrot und einen Apfel für die Schule – wie
immer?", fragt Mama.

„Ja, wie immer!"

Feli schaufelt ihr Knuspermüsli in sich hinein, als
könnte ihr jemand etwas wegessen. Ganz so, als wäre
sie nicht mit Mama allein am Tisch.

„Es ist komisch, ohne Papa zu frühstücken", stellt Feli
fest.

Mama nickt.

„Ja, das finde ich auch. Und irgendwie kommt mir
das Haus jetzt so riesig und leer vor. Ich finde es
auch schade, dass Papa ausgezogen ist."

„Wirklich?", fragt Feli. „Ich dachte, ihr seid jetzt froh, dass ihr nicht mehr zusammenwohnt."

„Aber nein", meint Mama. „Wir sind sogar beide sehr traurig, dass es einfach nicht mehr geklappt hat. Weißt du, als kleines Mädchen habe ich mir das mit Liebe und Familie und so immer ganz anders vorgestellt."

Feli fühlt in ihrer Hosentasche nach dem Ideenstein. Er ist tief genug in der Tasche, um nicht herauszufallen. Alles andere wäre auch eine Katastrophe!

„Aber was machen wir denn jetzt alleine mit dem großen Haus?", will Feli wissen.

„Uns fällt schon etwas ein", meint Mama und wirft einen Blick auf die Wanduhr. „Es ist schon halb acht."

„Oh, dann muss ich schnell los und Yara abholen."

Mama will Feli noch ans Zähneputzen erinnern, aber die ist schon längst im Badezimmer. Dann rennt sie die Treppe wieder runter, zieht sich in Windeseile ihre Jacke an, schnappt sich den Ranzen und flitzt aus der Tür.

„Bis heute Mittag, Mama!"

„Ja, bis dann, Feli!"

Feli sieht Yara schon von Weitem. Die Mädchen rennen aufeinander zu und umarmen sich.

„Hat dein Stein gewirkt?", fragen sie gleichzeitig.

„Erzähl du zuerst!", sagt Feli.

„Na gut. Ich habe ewig gebraucht, um einzuschlafen, weil ich so aufgeregt war. Aber irgendwann hat es dann endlich geklappt. Und ich habe meinen Papa wirklich gesehen. Ich weiß jetzt wieder, wie er ausgesehen hat. Das war das Gute an dem Traum."

„Und sonst war der Traum nicht gut?", fragt Feli.

„Nein. Samira und ich sind immer schneller zu Papa gerannt, aber er war immer weiter weg. Das hat mir Angst gemacht."

Feli denkt einen Augenblick nach.

„Vielleicht musst du deinen Traum noch bändigen."

Yara guckt verwirrt.

„Bändigen? Was meinst du damit?"

„Na ja, bändigen, so wie zähmen. So wie ein Dompteur in einem Zirkus einen Löwen zähmt. Der macht doch auch nicht einfach, was er will. Der macht das, was der Dompteur ihm sagt. Vielleicht musst du deinem Traum oder deinem Traumstein auch genau sagen, was du träumen willst."

„Keine schlechte Idee", sagt Yara. „Probier ich mal aus. Aber was ist mit deinem Ideenstein? Hat der schon gewirkt?" „Nö", sagt Feli. „Ich habe gestern Abend und die halbe Nacht und heute Morgen auf einen Einfall gewartet, wie ich mit Mama in diesem riesigen Haus wohnen bleiben kann. Aber null. Nix. Keine Idee."

„Vielleicht müssen wir noch ein bisschen Geduld mit den Zaubersteinen haben", meint Yara.

„Ja, wahrscheinlich hast du recht", stimmt Feli zu.

Die beiden schaffen es gerade noch pünktlich zum Klingeln zur ersten Stunde.

Feli versteht den Menschen nicht, der ihren Stundenplan gemacht hat. Jeden Morgen in der ersten Stunde hat die Klasse 3b Mathematik. Feli würde den Tag viel lieber mit Kunst, Musik oder Sport beginnen. Aber für Feli und Yara fängt die Schule heute mit der 7er-Reihe an. Wie soll man über fünf mal sieben nachdenken, wenn einem eine kleine Fee und ein Ideenstein im Kopf rumschwirren, denkt Feli.

„Im Rechenheft Seite 45, Aufgabe eins bis drei. Sagt Bescheid, wenn ihr etwas nicht versteht. Ich gehe rum und helfe euch", kündigt Frau Laubenstein an. Verträumt schlägt Feli ihr Rechenheft auf. Auf Seite 45 ist ein großes Haus aufgezeichnet, in dem sie alle

Aufgaben der 7er-Reihe lösen soll. Ein mal sieben.
Klar: Sieben. Zwei Mal sieben. Feli zählt an den Händen ab: 14. Drei mal sieben. Feli zählt und überlegt.
„Ich hab's!", ruft sie, obwohl sie das doch eigentlich gar nicht laut sagen wollte.
Alle Mitschüler und Frau Laubenstein gucken sie nun an.
„Was hast du, Feli?", fragt Frau Laubenstein.
„Das große Haus ... äh, drei mal sieben sind 21, meine ich." „Richtig. Dann schreib es bitte auf, Feli", sagt Frau Laubenstein und Feli wird rot im Gesicht. Fast hätte sie sich verplappert. Beim Betrachten des Hauses mit den vielen Zahlen war ihr etwas eingefallen. Und sie ist sich ganz sicher, dass der Ideenstein gewirkt hat.
„Yara", flüstert Feli. „Ich glaube, ich habe eine Idee. Eine richtig gute sogar."
„Erzähl!", flüstert Yara zurück.
„Feli und Yara, braucht ihr Hilfe bei den Aufgaben?", fragt Frau Laubenstein mit strenger Stimme.
„Nein, schon gut", behauptet Feli.
Und Yara flüstert sie zu:
„Ich erzähl es dir in der Pause."
Mathestunden können sehr lange dauern, wenn man

auf die Pause wartet. Aber irgendwann ertönt das Klingeln und Frau Laubenstein gibt den Rest der Aufgaben als Hausaufgabe. Feli und Yara stürmen auf den Schulhof und Yara kann es kaum erwarten, von Felis Idee zu hören.

„Na los, erzähl schon!"

Feli macht es spannend.

„Eigentlich ist die Lösung ganz einfach: Es ist wie eine Rechenaufgabe. Du hast ein großes Haus. Und in dem Haus wohnen zu wenige Menschen. Deswegen ist es für sie zu teuer. Was braucht man also?"

Yara denkt nach.

„Noch mehr Menschen, die auch etwas bezahlen können?", meint sie schließlich.

„Genau", sagt Feli. „Und diese Menschen seid ihr: du, Samira und deine Mama."

„Du meinst, wir sollen bei euch einziehen?", fragt Yara.

„Ja, das meine ich! Wir haben viel zu viele Zimmer und das Haus ist viel zu teuer. Und ihr wohnt in einer viel zu kleinen Wohnung. Wenn wir uns aber alle zusammentun, habt ihr mehr Platz und bei uns ist es nicht mehr so leer. Also, weißt du, wie ich das meine?"

„Ja. Das ist eine echt tolle Idee", findet Yara. „Aber

was sagen denn unsere Mütter dazu?"

„Die müssen wir unbedingt davon überzeugen! Aber ich glaube, das ist gar nicht so schwer. Meine Mama findet unser Haus nämlich auch viel zu leer."

„Und wie überzeugen wir sie?", fragt Yara.

„Zuerst muss ich mit meiner Mama sprechen", meint Feli. „Denn wenn die nicht einverstanden ist, funktioniert die ganze Idee nicht. Und dann sage ich dir Bescheid und du fragst deine Mama, okay?"

„Abgemacht!"

Zum Mittagessen gibt es Lasagne. Feli mag die eigentlich nicht besonders, aber jetzt ist kein guter Zeitpunkt, um über das Essen zu streiten. Schließlich muss sie Mama von ihrer Idee überzeugen! Sie nimmt sich einen großen Löffel Lasagne und isst vorbildlich mit Messer und Gabel. „Du, Mama?", beginnt Feli.

„Ja, mein Schatz?"

„Du findest unser Haus doch auch viel zu groß für uns zwei, oder?"

„Ja, das habe ich dir doch schon gesagt", antwortet

Mama.

„Wie gut, dass du eine Tochter mit den besten Ideen der Welt hast!", behauptet Feli.

„Aha", meint Mama. „Da bin ich aber gespannt."

Feli erzählt Mama von ihrer Idee. Die hört aufmerksam zu und Feli wartet auf ein freudiges „Ja, super, machen wir so!". Aber stattdessen schweigt Mama und sieht sehr nachdenklich aus.

„Na los, wie findest du meine Idee?", drängelt Feli.

„Ich finde deine Idee sehr schön", sagt Mama schließlich. „Aber ich muss erst darüber nachdenken. Ich finde Yara sehr nett. Aber ich bin auch gerade in einer schwierigen Situation. Ich dachte, erst einmal müssen wir zwei damit klarkommen, dass Papa nicht mehr bei uns wohnt."

Feli guckt enttäuscht.

„Sei nicht traurig, Feli. Ich möchte einfach eine Nacht darüber schlafen, in Ordnung?"

„Einverstanden."

„Lieber Traumstein", flüstert Yara, als sie abends unter ihrer Bettdecke liegt. „Ich glaube, wir beide müssen noch ein bisschen üben. Pass auf: Ich möchte heute Nacht von Papa träumen. Aber nicht so wie gestern. Ich möchte nicht, dass er immer weiter weg ist, sondern, dass er bei mir ist und mich in den Arm nehmen kann, okay? Lass uns das mal probieren! Gute Nacht!"

7. Der Zauber der Mädchen

„Und? Wie hast du dich entschieden?"

Feli kommt ins Schlafzimmer gestürmt und krabbelt unter Mamas Bettdecke.

„Feli!", murmelt Mama verschlafen. „Es ist erst halb sechs. Und es ist Samstag!"

„Ja, aber die eine Nacht ist doch schon vorbei, in der du darüber nachdenken wolltest."

Mama nimmt Feli in den Arm.

„Aber erst mal muss ich so wach sein, dass ich überhaupt sprechen kann. Noch zehn Minuten kuscheln?"

„Na gut", sagt Feli.

Sie ist gespannt wie ein Flitzebogen. Mama stellt den

Wecker so ein, dass er in zehn Minuten klingelt.

Feli wagt nicht, zu fragen, wann die zehn Minuten um sind. Stattdessen genießt sie es, unter Mamas warmer Decke zu liegen und sich vorzustellen, wie es wohl wäre, wenn Yara auch hier wohnen würde. Dann hätte sie immer jemanden zum Spielen. Mama scheint wieder eingeschlafen zu sein. Zumindest atmet sie regelmäßig und hat dabei die Augen zu. Und was, wenn Mama Nein sagt? Diesen Gedanken wischt Feli schnell wieder weg. Mama muss unbedingt Ja sagen. Alles andere wäre gemein!

Der Wecker piept. Feli schiebt sofort die Decke beiseite und setzt sich auf.

„Mmh!", brummt Mama und stellt den Wecker aus. Dann setzt auch sie sich ins Bett. Feli reibt ungeduldig ihre Hände an der Decke.

„Jetzt sag endlich!", murrt sie.

„Ich finde deine Idee gut und bin einverstanden", sagt Mama. Feli springt auf.

„Du bist die beste Mama der Welt!", ruft sie und nimmt Mama vor Freude in den Arm.

„Moment, mein Schatz", sagt Mama. „Lass mich bitte ausreden. Ich bin grundsätzlich mit deiner Idee einverstanden. Aber ich möchte Yaras Mutter und

Schwester erst mal kennenlernen. Wenn man in einem Haus zusammenleben will, muss man sich auch mögen."

Feli ist erleichtert. Sie verschwendet keinen Gedanken daran, dass Mama Yaras Familie nicht mögen könnte.

„Ach, das ist kein Problem. Wir können sie doch heute Nachmittag einladen und dann klärt ihr alles."

„Meine Süße", sagt Mama und seufzt. „Heute nach dem Mittagessen bist du doch mit Papa verabredet. Und dann schläfst du bei ihm. Schon vergessen? Morgen Nachmittag kann Yara mit ihrer Familie kommen, okay?"

„Okay, Mama. Du bist trotzdem die Allerbeste! Und deswegen decke ich heute den Frühstückstisch!"

Als Mama in die Küche kommt, hat Feli Kaffee gekocht, Brötchen aufgebacken und Butter und Käse auf den Tisch gestellt. Nur die Marmelade muss Mama aus dem Schrank holen. Da kommt Feli nicht dran.

„Spricht Yaras Mama eigentlich gut Deutsch?", fragt Mama. „Ich glaube nicht", meint Feli. „Aber Französisch spricht sie."

„Wirklich?" Mama ist überrascht.

„Ja, das hat Yara mir erzählt", sagt Feli.

„Dann rufe ich sie nachher mal an und lade sie für morgen zum Waffelessen ein", meint Mama.

Von dem Telefongespräch zwischen den beiden Mamas versteht Feli rein gar nichts. Aber sie sieht, dass Mama zwischendurch lacht. Nach zehn Minuten gibt Mama den Hörer an Feli weiter. „Das Waffelessen morgen klappt. Möchtest du noch mit Yara sprechen?", fragt sie. „Auf jeden Fall!", sagt Feli bestimmt.

„Hallo, Yara?"

„Hallo, Feli. Wir kommen morgen zu euch! Ich freu mich schon! Sollen wir heute Nachmittag spielen?"

„Geht leider nicht. Ich bin mit meinem Papa verabredet."

„Achso. Dann sehen wir uns morgen. Aber stell dir vor: Ich habe meinen Papa auch getroffen. Er hat mich im Traum in den Arm genommen."

„Das ist doch super! Du bist eine echte Traumzähmerin!"

„Ja, und heute Nacht bringe ich dem Traumstein bei, dass Papa mit mir reden muss. Er soll mir Märchen erzählen, so wie früher."

„Viel Glück dabei! Bis morgen, Yara!"

„Ja, bis morgen, viel Spaß mit deinem Papa!"

Nachmittage alleine mit Papa sind immer ein großer Spaß. Zuerst guckt Feli sich Papas neue Wohnung in der Feldstraße an. Sie ist viel kleiner als das Haus und es stehen noch einige Umzugskartons im Flur. Aber für Feli gibt es ein eigenes kleines Zimmer. Papa hat einen Schokokuchen gebacken, und der schmeckt richtig gut. Später gehen Papa und Feli in den Wald, sammeln Stöcke und schnitzen ein wenig. Feli lässt ihren Blick Richtung Baumwipfel schweifen. Aber von Wilma keine Spur. Umso besser, denkt Feli. Erwachsene müssen nicht alles wissen. Abends gucken Papa und sie „Ronja Räubertochter" auf DVD und Feli fürchtet sich ein bisschen vor den Graugnomen. Aber in Papas Arm fühlt sie sich sicher. Noch bevor der Film zu Ende ist, schläft Feli ein.

„Es waren einmal zwei Männer, die lebten in Bagdad", beginnt Papa, zu erzählen. Er sitzt auf Yaras Bettkante in dem alten Haus, in dem alten Kinderzimmer. Yara und Samira hören aufmerksam zu. „Sie hießen beide Sindbad. Sindbad, der Lastträger und Sindbad, der Seefahrer. Als der arme Sindbad, der Lastträger, eines Tages zu dem reichen Sindbad kam, erzählte der ihm von seinen sieben Reisen …"

Yara lauscht die ganze Nacht Papas Geschichten. Erst als die Sonne sie morgens um 8 Uhr wachkitzelt, merkt sie, dass sie geträumt hat. Sie hebt ihr Kopfkissen. Der Traumstein strahlt ihr grünblau entgegen. „Gut gemacht!", sagt Yara. „Danke!"

Als Yara in die Küche geht, ist Mama schon fleißig. Obwohl es erst halb neun am Sonntagmorgen ist, hat sie schon zwei Bleche Honiggebäck fertig.

„Guten Morgen, Mama", sagt Yara.

„Guten Morgen, mein Schatz. Ich dachte, wir bringen etwas mit, wenn wir schon mal bei so einer netten Familie eingeladen sind."

„Die sehen gut aus", meint Yara. „Darf ich eins zum Frühstück haben?"

„Ausnahmsweise", sagt Mama.

Yara fällt auf, dass Mama ihre Haare gefärbt hat. Das muss sie gestern Abend getan haben, als Yara und

Samira schon geschlafen haben. Außerdem sieht Mamas Gesicht fröhlicher aus als sonst.

„Was muss man denn beachten, wenn man hier eingeladen ist?", fragt Mama.

„Ich weiß nicht", meint Yara.

„Ich glaube, hier gibt es gar nicht so strenge Regeln. Ich gebe Felis Mutter immer die Hand und bedanke mich am Ende. Das ist alles."

„Sie war so nett am Telefon", sagt Mama. „Und sie spricht perfekt Französisch. Was für ein Glück!"

In dem Moment betritt Samira verschlafen die Küche.

„Hier riecht es aber gut. Kann ich auch eins haben?", fragt sie. „Ja", sagt Mama. „Und danach zieht ihr euch gute Sachen an und dann mache ich eure Haare."

Yara weiß nicht, wer heute aufgeregter ist: Mama oder sie.

Als sie am Nachmittag mit perfekt frisierten Haaren und zwei Blechen voll Honiggebäck vor dem Haus mit der Nummer 42 stehen, erinnert sich Yara daran, wie sie sich vor gar nicht langer Zeit gefühlt hat. Und auch Mama und Samira scheinen sehr beeindruckt von dem schicken, weißen Haus zu sein. Yara bemerkt, dass Mama unsicher wird und geht vor, über die Pflastersteine bis zur Haustür. Es kostet sie keine Überwindung mehr, den silberfarbenen Klingelknopf zu drücken. Sie zwinkert Mama zu und Mama lächelt vorsichtig zurück. Felis Mama öffnet die Tür und sagt etwas auf Französisch, das wie „bjäwenü, wönee" klingt. Feli, Yara und Samira haben keine Ahnung, was das heißen soll, deswegen rennen sie gleich ins Wohnzimmer. Aus dem Flur hören sie die freundlichen Stimmen ihrer Mütter.

„Schö mapell Kerstin" und „schö mapell Namika".

„Ich glaube, unsere Mütter stellen sich gerade vor", meint Feli, herausgehört zu haben. „Deine Mama heißt doch Namika, oder?"

„Ja, und jetzt weiß ich auch, dass deine Mutter Kerstin heißt."

Kerstin und Namika betreten das Wohnzimmer und Kerstin bittet die Kinder auf Deutsch und Namika auf Französisch, sich an den Tisch zu setzen.

Feli hat bei der Tischdeko geholfen. Sie hat im Garten Gänseblümchen gepflückt und sie in drei kleine Vasen gestellt. Die gelben Servietten hat sie zu Dreiecken gefaltet und sich viel Mühe gegeben. Schließlich geht es heute um alles, nämlich um Felis Zuhause. Alle nehmen Platz. Nur Kerstin holt Kaffee und Waffeln aus der Küche. Außerdem hat sie das Honiggebäck von Namika auf eine Kuchenplatte gelegt. Die Mädchen sitzen kerzengerade am Tisch und schauen ihre Mütter erwartungsvoll an. Kerstin verteilt Waffeln und Gebäck und schenkt Kaffee und Apfelschorle ein.

„Schön, dass ihr hier seid", sagt sie schließlich. „Lasst es euch schmecken. Bon appétit!"

Samira, Yara und Namika probieren vorsichtig von den Waffeln. Feli und Kerstin kosten das Honiggebäck. Alle nicken sich aufmunternd zu. Es scheint zu schmecken. Ab und zu reden die Mütter einen kurzen Satz auf Französisch. Aber Yara, Feli und Samira verstehen nichts als einen Klangteppich aus komischen Lauten.

„Die Sonne scheint so schön", sagt Kerstin, als die Kinder aufgegessen haben. „Möchtet ihr nicht ein bisschen in den Garten gehen und spielen?"

„Ja, komm, Samira", sagt Feli. „Yara und ich zeigen dir mein Klettergerüst."

Yara und Samira folgen Feli durch die Terrassentür in den Garten.

„Wenn das nur gut geht!", flüstert Feli Yara zu. „Aber ich glaube, die beiden finden sich ganz nett."

„Ja, ich glaube auch. Und guck mal: Jetzt reden sie viel mehr als eben."

„Ja, wahrscheinlich wieder Erwachsenenkram", meint Feli.

Durch die große Fensterfront können sie die Mütter gut beobachten.

„Darf ich mal rutschen?", fragt Samira.

„Na klar!", sagt Feli. „Wollen wir Seefahrer spielen?"

An Felis Klettergerüst ist ein Steuerrad aus rotem Plastik.

„Au ja", sagt Yara. „So wie Sindbad, der Seefahrer."

Aber von ihrem Traum erzählt sie in diesem Moment nichts. Denn Samira ist dabei. Und Geheimnis bleibt Geheimnis, auch wenn Samira eine echt süße kleine Schwester ist. Feli und Samira sind schon längst ins Rutschen und Seefahrer spielen vertieft. Yara beobachtet die beiden noch einen Moment und stellt es sich sehr schön vor, zwei Schwestern zu haben.

„Seefahrerin Sindbada!", ruft Feli und zeigt auf die Leiter. „Klettern Sie auf den Mast und erzählen Sie mir, was das feindliche Schiff dort drüben im Schilde führt."

Yara klettert wie befohlen hinauf und berichtet.

„Oh, das sind die Piratinnen Kerstin und Namika. Sie

werden nicht in der Lage sein, uns anzugreifen, denn
sie tun nichts anderes, als einen Kaffee nach dem
anderen zu trinken und endlos in einer komischen
Sprache zu sprechen."
Feli muss grinsen, ruft aber mit sehr ernster Stimme:
„Dann greifen wir sie auch nicht an und lassen sie in
Ruhe."
„Einverstanden, Oberseefahrerin Feli! Matrosin
Samira, würden Sie uns bitte noch einmal ihr Rutsch-
kunststück vorführen?"
„Sehr gerne", antwortet Samira brav, klettert eilig
die Leiter hoch, rutscht mit dem Kopf nach vorn die
Rutsche hinunter, macht am Ende einen Purzelbaum
und muss furchtbar lachen.
„Feli, Yara, Samira, kommt ihr mal kurz zu uns?", ruft
Kerstin von der Terrasse aus.
Eilig rennen die Freundinnen zu ihr. Kerstin und Na-
mika lächeln.
„Also, wenn ihr das wirklich möchtet", sagt Kerstin,
„dann können wir alle zusammenwohnen."
Und ob die Mädchen das wollen! Sie jubeln vor Freu-
de und umarmen ihre Mütter. Feli und Yara zwinkern
sich zu. Der Zauber des Ideensteins hat gewirkt!
„Kann Yara das Zimmer neben mir haben?", fragt

Feli. „Und kann sie dann auch so ein Hochbett haben wie ich?"

Auf der Terrasse herrscht Freude und Aufregung. Die Mädchen schmieden Pläne und Kerstin und Namika versprechen, sich um alles zu kümmern.

Niemand hat Wilma bemerkt, die sich auf dem Klettergerüst niedergelassen hat und zufrieden ihr Werk bewundert.

„Wir haben unsere Aufgabe erfüllt, Mirador", sagt sie zu ihrem Pirol, der wie so oft auf ihrer Schulter sitzt. „Lass uns zurück in den Wald fliegen."

Mirador setzt als Erster zum Flug an und schwebt schon bald über das Dach hinweg Richtung Wald. Wilma betrachtet noch einmal die fröhliche Gesellschaft auf der Terrasse und dabei wird ihr ganz warm ums Herz. Würden die kleinen Mädchen nicht so aufgeregt durcheinanderreden, könnten sie sicher das Summen ihrer Flügel hören, denn auch Wilma macht sich nun auf den Weg und fliegt über das Dach. Sie denkt noch darüber nach, wie gut alles für Yara und Feli gelaufen ist, als sie plötzlich einen Mann vor Felis Haus entdeckt, der sich sehr merkwürdig verhält.

„Mirador, warte!", ruft Wilma, gerade leise genug,

dass der Mann es nicht hören kann und lässt sich neben dem Schornstein nieder.

Mirador gehorcht und landet neben Wilma. Gemeinsam beobachten sie, wie der Mann sein Smartphone aus der Hosentasche nimmt und Fotos vom Haus, vom Vorgarten und sogar vom Klingelschild macht.

Wilma ist der Mann nicht geheuer. Er trägt Anzug und Krawatte, blank geputzte Lederschuhe, eine schwarze, runde Brille und hat seine grauen Haare nach hinten gegelt. Mehr kann Wilma von oben nicht erkennen. Nur, dass er ziemlich dick ist.

„Was macht der da nur?", überlegt Wilma laut.

Der Mann blickt sich nach allen Seiten um, so als wolle er nicht, dass ihn jemand sieht. Dann geht er zu seinem Geländewagen. Bevor er einsteigt, hört Wilma ihn sagen:

„Das wäre doch gelacht, wenn wir dieses hübsche Häuschen nicht zum Höchstpreis versteigern könnten."

Kurz darauf braust er davon. Die Abgase aus den vier Rohren des Geländewagens steigen bis zum Dach hinauf und Wilma rümpft die Nase.

„Wenn das nur gut geht", sagt sie zu Mirador. „Wir müssen herausfinden, was der Mann vorhat!"

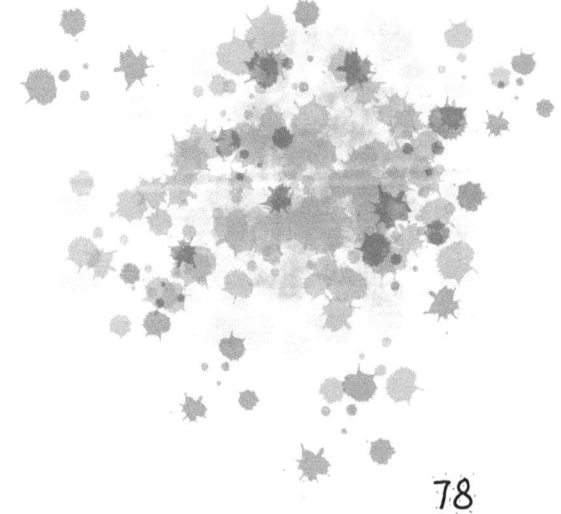

8. Herr Fleischhammer kennt keine Gnade

„Was habt ihr eigentlich so lange besprochen?", fragt
Feli, als Yara, Namika und Samira wieder nach Hause
gegangen sind. „Na ja, wir haben uns eben eine Men-
ge zu erzählen. Wir sind ja sozusagen Kolleginnen",
meint Mama.

„Wie meinst du das?", will Feli wissen.

„Namika ist auch Übersetzerin, für Arabisch und Französisch. Und deshalb haben wir überlegt, dass wir
nicht nur zusammen wohnen, sondern auch zusammen arbeiten könnten. Man könnte gut einen zweiten Schreibtisch in mein Büro stellen."

Feli ist begeistert.

„Ihr Mütter habt ja auch richtig gute Ideen!", sagt sie und hüpft auf der Stelle. „Können wir morgen Nachmittag die Möbel rübertragen?"

Mama seufzt tief. „Feli, ich kann wirklich verstehen, dass du aufgeregt bist. Aber ganz so schnell geht das nicht. Ich muss morgen erst mal mit Namika zur Ausländerbehörde gehen und nachfragen, wie wir alles regeln. Und dann wissen wir mehr."

Feli weiß nicht, was eine Ausländerbehörde ist und sie versteht auch nicht, warum man jemanden fragen muss, wenn man zu Freunden ziehen will. Aber sie merkt, dass Mama nach so einem langen Tag zu müde ist, um ihre Fragen zu beantworten. Hauptsache, sie ziehen zusammen. An diesem Abend schläft sie vor lauter Glück und Müdigkeit sehr schnell ein.

Wilma kommt auch lange nach Mitternacht nicht zur Ruhe. Der Anzugmann vor Felis Haus hat ihr ein komisches Gefühl im Bauch beschert. Nun steht sie zwischen den Tannen im Wald, rührt wie gewohnt in ihrer Suppe und ist gar nicht zufrieden mit dem, was

sie als kleinen Film auf der Suppenoberfläche sieht:
Da ist dieser dicke Anzugmann in einem Büro mit
einem dünnen Anzugmann. Der dicke Anzugmann
zeigt dem dünnen die Fotos auf seinem Smartphone
und sagt:

„Also, Kerstin und Andreas Landmann. Die beiden
haben sich getrennt. Mit ein bisschen Zinserhöhung
und ein paar Tricks können wir sie aus dem Haus trei-
ben und es zum Höchstpreis zwangsversteigern."

„Okay, mach sie fertig!", sagt der dünne Anzugmann
und klopft dem dicken auf die Schulter.

Nach diesen Worten verschwimmt der kleine Film
und Wilma kann nur noch die Suppe sehen. Wütend
lässt sie ihren Holzlöffel fallen.

„Mirador, hast du das gehört? Der Anzugmann will
Felis Familie aus dem Haus jagen. Mit irgendwelchen
fiesen Tricks. Jetzt brauchen wir einen guten Plan!"

Wilma liegt in dieser Nacht noch lange wach in ihrem
Moosbett. Sie sieht sehr nachdenklich aus. Erst kurz
vorm Morgengrauen hört man sie flüstern:

„Ich habe eine Idee."

Mit einem Lächeln im Gesicht schläft sie ein.

Feli und Yara hüpfen an diesem Montag Hand in Hand zur Schule, dass ihre Ranzen auf den Rücken nur so wackeln.

„Wir haben ein Riesenglück!", findet Yara. „Ich freu mich so!"

„Ich mich auch", sagt Feli. „Ich habe gestern Abend noch mit Papa telefoniert. Er findet unseren Plan auch gut und hat gesagt, dass er mit uns Möbel kaufen fährt, damit ihr auch ein richtiges Prinzessinnenzimmer bekommt, Samira und du."

Yara strahlt und kann ihr Glück kaum fassen. Dann überlegt sie einen Moment.

„Weißt du was?", meint sie. „Das haben wir alles Wilma und ihren Zaubersteinen zu verdanken. Sollen wir sie heute Nachmittag besuchen und uns bei ihr bedanken?"

„Ja, das ist eine gute Idee", findet Feli.

Vor lauter Aufregung hatten sie Wilma doch glatt vergessen. Jetzt beschließen sie, am Nachmittag zusammen ein schönes Bild für sie zu malen und auf dem Weg in den Wald Blumen zu pflücken.

„Mirador, wir müssen eine Ausnahme machen!", sagt
Wilma aus voller Überzeugung. „Wir müssen die Re-
gel brechen, dass Waldfeen nur im Wald sein dürfen.
Das hier ist eine Notsituation. Und Notsituationen
erfordern besondere Maßnahmen."
Schon einmal hat Wilma sich an den Waldrand bis zu
Felis Haus begeben, um zu gucken, wie es ihr geht.
Aber nur ein kleines Stück aus dem Wald heraus wird
diesmal nicht reichen, das weiß Wilma. Das Summen
ihrer Flügel ertönt. Zwischen den Tannen sieht man
die kleine Fee mit ihrem Pirol fliegen. Über die Lich-
tung, durch den Laubwald und schließlich bis zur
Waldstraße 42.
„Du gehst oben in den Apfelbaum und hältst Aus-
schau nach dem Anzugmann, ich warte hier unten
hinter dem Buchsbaum!", befiehlt Wilma.
Mirador lässt sich auf einem Ast nieder, während
Wilma sich im Vorgarten versteckt. Ein schwarzes
Auto fährt vorbei, aber kein Geländewagen mit Anzugmann drin. Wenig später geht eine ältere Dame
mit ihrem Pudel spazieren. Der Pudel pillert an den
Buchsbaum. Wilma weicht zur Seite, damit sie nichts
von dem Pipi abbekommt.
„Musst du unbedingt hier markieren, wo Feen sich

verstecken?", zischt sie den Pudel an.

Der tut so, als ob nichts gewesen wäre, streckt seine feine Nase nach oben und trottet weiter neben seinem Frauchen her. Wilma rümpft die Nase, dann geht sie drei Schritte zum Rhododendron hinüber. Hier stinkt es nicht nach Hundepipi. Und die Haustür kann sie trotzdem sehen. Ein paar Minuten später kommt Kerstin nach Hause. Sie scheint gute Laune zu haben, denn sie trällert ein Lied, schließt mit der einen Hand die Tür auf, fischt mit der anderen die Zeitung aus dem Briefkasten und verschwindet im Haus. Wenige Augenblicke später hört Wilma durch das geöffnete Küchenfenster die Kaffeemaschine brummen. Kerstin scheint noch nichts von dem Anzugmann zu ahnen, sonst würde sie sich jetzt nicht in aller Ruhe einen Kaffee machen und dazu Zeitung lesen.

Plötzlich hört Wilma Miradors Warnpfiff. Und nur eine Sekunde später braust ein schwarzer Geländewagen herbei, macht eine Vollbremsung und bleibt dreist auf dem Gehweg vor Felis Haus stehen. Wilma duckt sich hinter dem Rhododendron, damit sie nicht entdeckt wird. Der dicke Anzugmann steigt aus und geht, nein, stampft geraden Schrittes auf die Haustür zu. Er hält einen weißen Umschlag in der Hand. Wilma beobachtet, wie er mit seinem fleischigen Zeigefinger auf den Klingelknopf drückt. Kerstin öffnet die Tür.

„Guten Morgen", sagt sie freundlich.

„Sind Sie Frau Landmann?", fragt der Anzugmann, ohne ihren Gruß zu erwidern.

„Ja, die bin ich. Und wer sind Sie?"

„Fleischhammer. Flavius Fleischhammer. Ihr neuer Kreditsachbearbeiter bei der Stadtbank."

„Aha, stellen die sich jetzt persönlich bei jedem Kunden vor?"

Jetzt ist auch Kerstin nicht mehr freundlich.

„Nur bei denen, die Probleme machen", erklärt Herr Fleischhammer.

„Na, dann hätten Sie ja zu uns gar nicht kommen müssen, wir zahlen doch jeden Monat unsere Rate für das Haus", sagt Kerstin und will die Tür zuschlagen, aber Herr Fleischhammer hat seinen Fuß in die Tür gestellt, sodass sie einen Spalt aufbleibt.

„Wir zweifeln trotzdem an Ihrer Kreditwürdigkeit. Ihr Mann und Sie leben getrennt, Sie haben als Übersetzerin kein festes Gehalt. Für uns als Bank ist das ein zu hohes Risiko. Wir erhöhen Ihre Zinsen. Sie können das alles in diesem Schreiben hier nachlesen. Schönen Tag noch!"

Herr Fleischhammer dreht sich um und stampft zurück zu seinem Geländewagen. Kerstin steht in der Tür und blickt ihm nach. Sie weiß nicht, was sie sagen soll.

„Sei mucksmäuschenstill!", flüstert Wilma Mirador zu.

Während Herr Fleischhammer mit Kerstin gesprochen hat, haben die beiden sich durch das geöffnete Fenster ins Auto geschlichen und im Kofferraum unter der gelben Warnweste versteckt.

„Los geht die wilde Fahrt", wispert Wilma vergnügt. „Flavius Fleischhammer kann was erleben!"

Und dieser Flavius Fleischhammer drückt nun kräftig aufs Gaspedal, ohne zu ahnen, dass er zwei blinde Passagiere im Kofferraum hat.

Als Feli aus der Schule kommt, duftet es nach Pfannkuchen. Aber außer, dass es ihr Lieblingsessen gibt, ist an diesem Mittag gar nichts gut. Mama hat ganz verweinte Augen. Und Feli will sofort wissen, was passiert ist.

„Waren die bei dieser Ausländerdingsbums nicht nett?", fragt sie.

„Doch. Das ist alles geklärt. Namika, Yara und Samira können bei uns einziehen und die Behörde zahlt sogar Miete für sie. Wir müssen nur noch eine Reihe von Zetteln ausfüllen, aber das kriegen wir schon hin."

„Aber warum weinst du denn dann?", fragt Feli.

Da erzählt Mama ihr von dem dicken Anzugmann, der Herr Fleischhammer heißt, geklingelt hat und sehr gemein war. Und von dem Brief, in dem steht, dass die Zinsen für den Kredit erhöht werden. Feli versteht nicht, was das bedeutet.

„Das heißt, dass wir monatlich so viel für das Haus bezahlen müssen, dass es einfach zu teuer ist. Auch mit Yaras Familie."

In diesem Augenblick begreift Feli, was passiert ist: Ihr Zuhause ist schon wieder in Gefahr! Aber sie will jetzt nicht weinen. Im Gegenteil: Sie wird sehr wütend auf diesen Anzugaffen namens Fleischhammer, auch wenn sie ihn noch nie gesehen hat.

„Darf der das überhaupt?", fragt sie.

„Bestimmt nicht", meint Mama. „Aber der kennt wahrscheinlich so viele Tricks, um uns reinzulegen, dass er am Ende recht bekommt. Ich kenne solche Typen."

„Ja", sagt Feli. „Vielleicht kennst du solche Typen. Aber der kennt uns noch nicht: Feli und Kerstin Landmann! Und dazu noch Namika, Yara und Samira. Wir sind zusammen viel stärker. Du wirst sehen!"

„Hast du wieder eine Idee?", fragt Mama.

„Noch nicht", meint Feli. „Aber erst mal müssen wir ja auch die Pfannkuchen essen."

Da gibt Mama Feli recht. Sie stellt Himbeermarmelade und Zimtzucker auf den Tisch und Feli bestreicht damit großzügig ihren Pfannkuchen. Mit der linken Hand fühlt sie in ihrer Hosentasche nach dem Ideenstein – und schreckt zusammen. Er ist weg! Einfach weg! Wie kann denn so etwas Schreckliches passieren? Vielleicht beim Umziehen vor dem Sportunterricht? Aber sie kann Mama das jetzt unmöglich erzählen. Wilma ist und bleibt ein Geheimnis. Auch in Notsituationen. Ein Glück nur, dass Yara und sie am Nachmittag sowieso zu ihr in den Wald wollten.

Flavius Fleischhammer hat seinen schwarzen Geländewagen unterdessen in der Tiefgarage der Stadtbank geparkt. Weder von Mirador noch von Wilma
hat er während der Fahrt etwas bemerkt. Aber als
er seine Aktentasche aus dem Kofferraum nimmt,
kommt die ihm ungewöhnlich schwer vor.

„Ich muss mal wieder zum Krafttraining", sagt er zu
sich selbst.

Das Kichern von Wilma, die sich zusammengekauert
in der Aktentasche vom Auto ins Büro tragen lässt,
überhört er. Mirador ist in einem unbeobachteten
Moment aus dem Kofferraum geflogen. Wie verabredet hat er sein großes Geschäft auf dem Lenkrad
des Geländewagens erledigt. Und jetzt fliegt er, wie
es sich für einen ganz normalen Vogel gehört, in
einen der Bäume vor der Stadtbank, zwitschert ein
Frühlingslied und wartet auf das nächste Zeichen
von Wilma.

In seinem Büro wird Herr Fleischhammer schon
von dem dünnen Anzugmann erwartet. Wilma er-
kennt ihn an der Stimme. Noch immer sitzt sie in der
Aktentasche. Und im Moment ist es ein schlechter
Zeitpunkt, um herauszukommen.

„Gut gemacht!", sagt der dünne Anzugmann. „Und

gleich morgen gehen Sie mit dem Gutachter zum Haus, um ihnen so richtig Angst einzujagen, verstanden?"

„Verstanden", antwortet Flavius Fleischhammer folgsam. Der dünne Anzugmann verlässt das Büro, und Flavius Fleischhammer kramt in seiner Schreibtischschublade. Dann stellt er eine Tasse auf den Schreibtisch und geht aus seinem Büro.

Das ist Wilmas Chance. Sie wirbelt ihren Zauberstab in dem bisschen Luft, das in einer Aktentasche übrig ist, wenn eine Fee und viel Papier darin liegen, und das Zahlenschloss öffnet sich von Zauberhand. Vorsichtig lugt Wilma über den Rand der Tasche. Die Luft scheint rein zu sein. Sie steigt aus. Als Erstes blickt sie aus dem Bürofenster und ist erleichtert: Mirador sitzt auf einem Ast. Die beiden zwinkern sich zu. Dann stellt Wilma sich auf den Schreibtischstuhl, denn sonst kann sie ja nicht gucken, was da drauf liegt, so klein ist Wilma. Sie entdeckt viel buchstabenbedrucktes Papier, den Computer und eine Tasse mit einer Ente drauf. Darin ist Kakaopulver und Wilma vermutet, dass Herr Fleischhammer jeden Moment mit heißer Milch oder heißem Wasser hereinkommen kann, um daraus eine leckere heiße Schokolade zu machen. Kaum hat sie darüber nachgedacht, hört sie laute Schritte auf dem Flur.

Schnell, Wilma! Ab in den Papierkorb! Gut, dass Wilma so klein ist und Flavius Fleischhammer gerade sein Smartphone am Ohr hat und telefoniert. In der anderen Hand hält er eine Kanne mit heißem Wasser und schüttet es auf das Kakaopulver. Allerdings ist er so ungeschickt, dass die Hälfte überschwappt und er brummend das Büro verlässt. Vorsichtig blickt Wilma über den Rand des Papierkorbs. Mirador nickt ihr zu. Jetzt! Wilma kommt wie der Blitz aus dem Papierkorb, öffnet ein kleines Glasfläschchen und gibt 13 Tropfen ihrer Spezialkräutermischung in den Kakao. Kaum hat sie das getan, hört sie Miradors Warnpfiff. Wie eine scheue Katze huscht sie wieder in den Papierkorb. Flavius Fleischhammer telefoniert jetzt nicht mehr. Er wischt mit einem Papiertuch den überschüssigen Kakao vom Schreibtisch und schmeißt es in den Papierkorb. Das Tuch landet direkt auf Wilmas Kopf. Aber sie rührt sich nicht. „Noch nie was von Mülltrennung gehört? Dies ist ein Papierkorb, keine grüne Tonne", flüstert sie wütend. Aber das kann Herr Fleischhammer nicht hören, denn er schlürft ja lautstark seinen Kakao und glotzt dabei auf den Computerbildschirm. Trink du nur, denkt Wilma. Und kurze Zeit später hört sie Flavius Fleischhammer nicht mehr schlürfen, sondern schnarchen. Die Spezialkräuter haben gewirkt!

Am Nachmittag sind Namika, Yara und Samira wieder bei Kerstin und Feli zu Besuch. Eigentlich wollten die Mütter heute darüber sprechen, wie sie als Übersetzerinnen zusammenarbeiten können. Aber jetzt herrscht große Aufregung über den Besuch von Flavius Fleischhammer. Nachdem Kerstin sich alles von der Seele geredet hat, kocht sie für Namika und sich Kaffee und sagt:
„So, und jetzt schreiben wir einen richtig guten Plan für unser Übersetzungsbüro. Und damit überzeugen wir die Bank. Wir zwei werden gutes Geld verdienen. Und damit können wir auch jeden Monat die Kreditrate zahlen."
Dann bedeutet sie den Kindern, dass sie ruhig draußen spielen können. Aber Samira hat Bauchweh und will lieber bei den Mamas bleiben. Kerstin macht ihr

ein Körnerkissen warm und gibt ihr Felis alte Bilder-
bücher, bevor sie sich mit Namika an den Erwachsenenkram setzt. Feli und Yara kündigen an, dass sie in
den Wald gehen, damit sie ihre Mütter nicht bei der
Arbeit stören.

Die Mädchen kennen den Weg jetzt schon in- und
auswendig. „Du glaubst nicht, was passiert ist, Yara",
seufzt Feli. „Ich habe meinen Ideenstein verloren.
Ausgerechnet jetzt, wo wir eine gute Idee so dringend brauchen!"
„Oh nein!", antwortet Yara. „Wir müssen ihn wieder-
finden. Hast du ihn vielleicht beim Sport in der Schule verloren?"
„Könnte sein", meint Feli. „Aber solange der Stein
weg ist, ist Wilma unsere einzige Hoffnung."
„Sie wird uns helfen!", meint Yara. „Da bin ich mir
hundertprozentig sicher."
„Mirador!", rufen die Mädchen, als sie die Lichtung
überquert haben. „Mirador!"
Aber weit und breit sehen sie keinen Pirol. Sie gehen
noch ein Stück tiefer in den Nadelwald hinein.
„Hier irgendwo muss er doch sein!", meint Yara.
„Vielleicht versteckt er gerade mit Wilma einen Schatz

für einen Kindergeburtstag", sagt Feli, um Yara aufzumuntern.

Die Mädchen warten und rufen und warten und rufen. Aber weder Wilma noch Mirador scheinen in der Nähe zu sein.

„Lass uns zurückgehen", sagt Feli schließlich.

Die Tränen schießen ihr in die Augen.

„Jetzt haben wir keinen Ideenstein und keine Wilma!", sagt sie.

„Ja, was sollen wir jetzt bloß tun?", fragt Yara.

Die beiden Mädchen wissen sich keinen Rat und traben enttäuscht nach Hause. Als sie durch den Vorgarten gehen und schon fast an der Haustür sind, hält Yara Feli zurück. „Warte, Feli!", sagt sie. „Guck mal hier, an der Pflanze. Das ist doch Feenstaub!"

Yara streicht über die Buchsbaumblätter, und jetzt kann auch Feli es ganz deutlich erkennen: Die Blätter glitzern. Und das kann nur eins bedeuten: Wilma war hier!

„Ich wusste, dass sie uns nicht im Stich lässt!", sagt Feli. „Hoffentlich!", meint Yara.

Wilma nimmt endlich das kakaogetränkte Tuch von ihrem Kopf und befreit sich aus dem Papierkorb. Im Gebäude der Stadtbank scheinen die meisten Menschen Feierabend zu haben. Auf dem Flur sind keine Schritte mehr zu hören. Das einzige Geräusch ist das laute Schnarchen von Flavius Fleischhammer. Wilma guckt sich um. Kein Mensch zu sehen. Sie klettert auf die Fensterbank, um an den Griff zu kommen. Aber das Fenster lässt sich nicht öffnen. Erst als Wilma ihren Zauberstab in der Luft kreisen lässt, öffnet es sich von alleine. Wilma winkt Mirador herbei. Er fliegt in das Büro und landet direkt auf Wilmas Schulter. Wilma gibt ihm einen Kuss auf den Kopf.

„Gute Arbeit!", sagt sie und zaubert ihm ein paar Körner auf den Boden, die Mirador genüsslich aufpickt.

„So, jetzt wollen wir doch mal sehen, was Flavius Fleischhammer im Schilde führt", sagt Wilma triumphierend. „Und bei der Dosis müsste er bis morgen früh schlafen. Aber so lange haben wir natürlich keine Zeit."

Wilma setzt sich auf den Schreibtisch und sieht sich den Computerbildschirm an.

„Aha, der Kalender! Morgen um 16 Uhr, Termin mit dem Gutachter in der Waldstraße 42. Mirador! Das ist der Termin bei Feli. Sehr gut. Wir werden dafür sorgen, dass er bei diesem Termin nie ankommt." Wilma scheint kurz nachzudenken, dann wirbelt sie wieder ihren Zauberstab in der Luft und spricht dazu komische Worte. Im Handumdrehen ist das ganze Büro von Flavius Fleischhammer voll mit bunten Luftballons.

„So, das dürfte reichen, um ihn durcheinanderzubringen, wenn er aus seinem Dornröschenschlaf erwacht", meint Wilma und fliegt mit Mirador durch das geöffnete Fenster in die Stadt hinaus. Jetzt ist Mirador an der Reihe: Er fliegt in die Tiefgarage und sticht mit seinem spitzen Schnabel in die Vorderreifen. Mit einem Zischen strömt die Luft aus den Reifen, und nach ein paar Minuten sind sie einfach nur noch platt.

Als Feli und Yara in die Küche kommen, staunen sie nicht schlecht: Ihre Mütter waren fleißig und haben gleich in mehreren Sprachen Texte für ihr Übersetzungsbüro entworfen. Samira scheint kein Bauchweh mehr zu haben. Sie sitzt mit am Küchentisch und malt mit Buntstiften.

„Wir schaffen das alles schon", meint Mama, und sie sieht jetzt viel fröhlicher aus als heute Mittag. „Und mit diesem Herrn Fleischhammer werden wir auch noch fertig."

Feli zwinkert Yara zu. Die Mädchen ahnen, dass ihnen heimlich jemand hilft.

Als Namika, Yara und Samira längst nach Hause gegangen sind und Feli allein in ihrem Zimmer ist, hört sie ein leises Klopfen. Feli blickt zum Fenster.

„Mirador!", sagt sie und spürt, wie erleichtert sie ist, ihren neuen Freund zu sehen. Sie öffnet das Fenster und entdeckt nun auch Wilma, die summend neben dem Haus schwebt.

„Wo wart ihr denn heute? Wir haben euch überall gesucht!", fragt Feli.

Wilma grinst schelmisch.

„Wir hatten etwas Wichtiges zu erledigen. Und jetzt musst du uns auch helfen."

„Gerne, was soll ich tun?"

„Geh zu deiner Mutter ins Büro und hol eine Visitenkarte von ihr."

Feli fragt nicht nach, was Wilma mit der Visitenkarte vorhat. Sie ist so glücklich, die Waldfee zu sehen, dass sie einfach tut, was sie ihr gesagt hat. Mama ist noch unten im Wohnzimmer und hört Cellomusik. Das macht sie immer, wenn der Tag anstrengend war. Feli lugt aus ihrer Tür. Die Luft ist rein, sie tapst über den Flur in Mamas Büro, kramt in der Schreibtischschublade und findet die Visitenkarten auf Anhieb.

„Kerstin Landmann – Diplomübersetzerin" steht darauf. Feli nimmt sich eine Visitenkarte heraus.

„Hatten wir nicht abgemacht, dass du fragst, bevor du an meine Sachen gehst?", fragt eine strenge Stimme.

Mama steht in der Tür.

„Ja, ähm …", fängt Feli an.

„Was hast du denn da in der Hand?", will Mama wissen. Jetzt braucht Feli blitzschnell eine gute Ausrede.

„Ich habe eine Visitenkarte von dir genommen, weil ich Namika und dich überraschen wollte. Ich … ähm … habe eine Idee, wie man eine Visitenkarte für euch zwei malen könnte."

Mama scheint jetzt nicht mehr böse zu sein. Sie sieht sogar ein bisschen stolz aus. Trotzdem schickt sie Feli jetzt ins Bett, denn als Mama muss man ja um diese Uhrzeit sagen, dass es schon spät ist und alle am nächsten Tag früh aufstehen müssen. Feli gibt Mama noch einen Kuss und geht mit der Visitenkarte zurück in ihr Zimmer.

Mirador hat es sich inzwischen auf ihrer Schreibtischunterlage bequem gemacht. Wilma sitzt auf der Fensterbank und lässt ihre Beine baumeln.
„Was habt ihr denn mit der Visitenkarte vor?", fragt Feli.
„Das ist ein kleines Feengeheimnis", erwidert Wilma. Dann nimmt Mirador die Visitenkarte in den Schnabel und hebt ab Richtung Stadt.
„Schlaf schön, liebe Feli!", sagt Wilma mit sanfter Stimme. „Und pass beim nächsten Mal besser auf den Ideenstein auf!"
Wilma drückt Feli den verlorenen Stein in die Hand und fliegt los. Feli ist sprachlos. Sie geht ans Fenster und beobachtet, wie Wilma zurück Richtung Wald schwebt. Feli schaut so lange hinterher, bis sie nur noch einen winzig kleinen Punkt am Himmel sieht. Dann muss sie gähnen. Sie hält ihren Stein fest in der Hand und legt sich endlich schlafen.

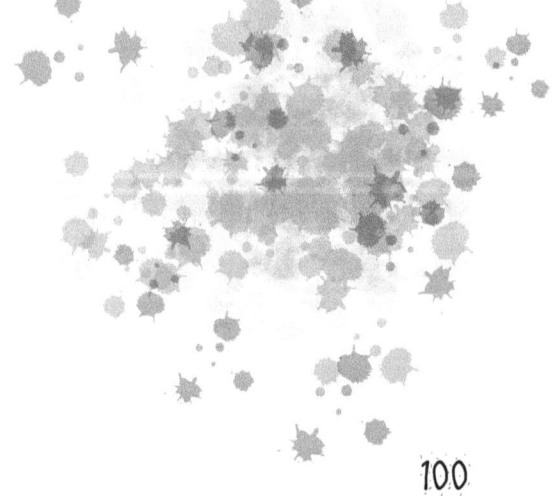

9. Wilma lehrt Flavius Fleischhammer das Fürchten

Der Tag von Flavius Fleischhammer beginnt mit einem Donnerwetter.

„Jetzt wachen Sie doch endlich auf!", schreit ihn der dünne Anzugmann an. „Warum zum Teufel haben Sie im Büro geschlafen? Und was um alles in der Welt machen diese Luftballons hier? Wir sind hier kein Kindergarten, sondern eine Bank. Bis heute Mittag haben Sie alles aufgeräumt, sonst können Sie was erleben!"

Der dünne Anzugmann verlässt wütend das Büro und knallt die Tür hinter sich zu. Flavius Fleischhammer öffnet langsam die Augen. Er stellt fest, dass sein Kopf auf dem Schreibtisch liegt. Dann schließt er die Augen wieder. Er ist ja noch so müde! Im nächsten Moment schreckt er hoch: Warum zum Teufel hat er hier im Büro geschlafen? Er blickt auf die Uhr: 10.30 Uhr! Halb elf! Dabei fängt er doch schon um acht an, zu arbeiten! Hat er etwa die ganze Nacht hier mit seinem Kopf auf dem Schreibtisch geschlafen? Er blickt auf sein Handy: sieben Anrufe von seiner Frau und eine SMS.

„Schatz, warum kommst du nicht nach Hause? Ist etwas passiert?"

Ja, das wüsste er auch gerne, was hier passiert ist. Und vor allem, wo die ganzen Luftballons herkommen. Plötzlich wird ihm bange. Wer treibt hier so ein komisches Spiel mit ihm? Ist das eine Falle? Und was war heute noch mal für ein Wochentag? Die Luftballons kommen ihm auf einmal wie eine Bedrohung vor. Flavius Fleischhammer nimmt eine Reißzwecke von der Pinnwand, stößt einen Schrei aus und sticht voller Wut in den ersten Ballon. Der laute Knall lässt die anderen Mitarbeiter aufschrecken. Flavius Fleischhammer aber fühlt sich jetzt besser. Er schreit jetzt noch lauter, bevor er den nächsten

Ballon platzen lässt.

„Hier wird geschossen!", ruft eine aufgeregte Frauen-
stimme auf dem Flur. „Wir müssen die Polizei rufen!"

„Nein!", sagt der dünne Anzugmann. „Keine Panik.
Ich kümmere mich um Herrn Fleischhammer. Er ist
verrückt geworden."

Der dünne Anzugmann betritt das Büro. Flavius
Fleischhammer will gerade zu seinem dritten Schrei
ansetzen. Aber da bemerkt er seinen Chef.

„Ähm ...", stammelt er. Aber er weiß einfach nicht,
was er sagen soll.

„Sie müssen jetzt gar nichts sagen, Herr Fleischhammer", sagt der dünne Anzugmann nun mit ruhiger
Stimme. „Gehen Sie ganz in Ruhe nach Hause und
schlafen Sie sich dort aus. Ich möchte so etwas nicht
noch mal erleben. Wenn Sie nicht einer meiner besten Mitarbeiter wären, würde ich Sie auf der Stelle
feuern. Aber wenn Sie morgen wieder ganz normal
Ihre Arbeit erledigen, vergesse ich den Vorfall."

„Danke!", sagt Flavius Fleischhammer.

Ohne weitere Worte nimmt er seine Jacke und sein
Handy und geht mit gesenktem Kopf durch den Flur.
Seine Kollegen schauen ihn ungläubig an. Alle sind
durch die Knallgeräusche aufgeschreckt worden.

Flavius Fleischhammer nimmt den Aufzug und fährt in die Tiefgarage. Sein Geländewagen steht noch da. Wenigstens etwas ist an diesem Tag so wie immer, glaubt er.

Beruhigt schließt er den Wagen auf und setzt sich auf den Fahrersitz. Er dreht den Schlüssel um und freut sich, dass seine Hände am Lenkrad Halt finden. Aber igitt! Was ist das? Entsetzt schaut er seine Hände an: Weißer Schmier ist darauf. Und wie das stinkt! Sieht aus wie Vogeldreck und stinkt wie Vogeldreck. Was zum Teufel ist hier los? Flavius Fleischhammer schmiert die Hände an seiner Anzughose ab. Ist jetzt auch egal, denkt er. Er will jetzt einfach nur nach Hause.

„Komm, Flavius, einfach ausparken", sagt er zu sich selbst.

Aber es geht nicht.

„Die Reifen!", flucht er.

Er steigt aus und sieht das ganze Unglück: zwei platte Vorderreifen. Mit zittrigen Händen wählt er die Nummer seiner Frau.

„Adelheid? Nein, es ist nichts Schlimmes passiert. Aber kannst du mich bitte aus der Tiefgarage abholen?"

Was hat Wilma wohl gemacht?", fragt Yara. „Wir haben sie doch noch nie außerhalb des Waldes gesehen."

„Ich habe keine Ahnung", meint Feli. „Aber ich glaube, sie hat etwas Gutes getan."

„Und sie hat dir deinen Ideenstein wiedergebracht", sagt Yara.

„Ja, zum Glück!"

Feli und Yara trotten wie jeden Morgen zur Schule. Sie beschließen, ein großes Fest zu feiern, wenn sie endlich zusammenwohnen können.

„Meinst du, dieser Herr Fleischhammer kommt noch mal wieder?", fragt Feli.

„Keine Ahnung", meint Yara. „Aber ich glaube, wir alle zusammen sind eh stärker als er."

„Ja", meint Feli und nimmt Yaras Hand. „Wer kann schon was ausrichten gegen richtige Freundinnen?"

Zu Hause bei Kerstin klingelt das Telefon. Ein Herr Rothenbusch von einem Kinderbuchverlag meldet sich. Er wisse gar nicht mehr, woher er ihre Visitenkarte habe, aber er habe sie heute Morgen auf seinem Schreibtisch wiedergefunden und sei sehr froh darüber, denn er suche gerade händeringend Übersetzer für Französisch.

„Ja, das passt wirklich gut", sagt Kerstin. „Kinderbücher sind meine Leidenschaft. Und ich habe auch noch Zeit. Suchen Sie vielleicht auch jemanden, der die Bücher ins Arabische übersetzt?"

„Können Sie das etwa auch? Da haben wir momentan einen riesigen Bedarf! Es sind ja gerade so viele Kinder in unser Land gekommen, die unsere Sprache noch nicht sprechen."

„Das trifft sich gut", sagt Kerstin. „Meine Kollegin kann das übernehmen."

Herr Rothenbusch und Kerstin vereinbaren für den nächsten Tag einen Termin im Kinderbuchverlag. Kerstin kann ihr Glück kaum fassen. Und vor allem wundert sie sich noch immer darüber, wie ihre Visitenkarte auf dem Schreibtisch von Herrn Rothenbusch gelandet ist. Aber dann beschließt sie, sich keine Gedanken mehr darüber zu machen, sondern sich einfach zu freuen. Sie ruft Namika an und erzählt ihr von Herrn Rothenbusch. Namika ist ebenso begeistert und sie nehmen sich vor, die Mädchen am Nachmittag mit Gebäck und der guten Nachricht zu überraschen.

Flavius Fleischhammer hat sich zu Hause die Bettdecke über den Kopf gezogen. Noch immer kann er nicht fassen, was ihm widerfahren ist.

„Flavius!", ruft seine Frau Adelheid aus der Küche.

„Das Mittagessen ist fertig. Du musst doch was essen!"

„Auf keinen Fall!", ruft Flavius Fleischhammer mit zittriger Stimme zurück, ohne die Bettdecke beiseitezuschieben.

Dann sagt er zu sich selbst:

„In dem Essen ist bestimmt was drin, genau wie in meinem Kakao. Es muss der Kakao gewesen sein!"

Adelheid steht nun in der Tür.

„Flavius, ich gehe jetzt mal zur Apotheke und hole dir ein Beruhigungsmittel. Und wenn es dir dann immer noch nicht besser geht, gehen wir zum Arzt!"

„Auf keinen Fall!", protestiert Flavius unter seiner Bettdecke, aber seine Frau hat die Wohnung schon längst verlassen.

Flavius beginnt, unter seiner Decke zu schwitzen. Aber das ist noch lange kein Grund, sie beiseitezuziehen. Irgendwo hier lauert Gefahr. Und noch immer weiß er nicht, wer oder was dahintersteckt.

Plötzlich hört er die Tür des Kleiderschrankes knarzen und erschrickt. Das Zimmer ist auf einmal viel heller. So viel kann er durch die Bettdecke erkennen. Wie in Zeitlupe zieht er die Decke runter bis zu seiner Nasenspitze, damit seine Augen sehen können, was hier los ist.

Und was seine Augen da sehen! Eine kleine Fee, gerade so groß wie ein Kleinkind, die über seinem Bett schwebt, einen Zauberstab in der Hand hält und von einem hellen Schein umgeben ist. Flavius Fleischhammer zieht die Decke schnell wieder über den Kopf.

„Jetzt bin ich wirklich verrückt geworden!", wimmert er. „Jetzt sehe ich schon Feen. Und die gibt es doch gar nicht!"

„Natürlich gibt es Feen, sonst würdest du mich jetzt wohl nicht sehen!", mischt Wilma sich ein und klingt kein bisschen unfreundlich.

Flavius Fleischhammer zuckt zusammen. Er lugt wieder unter seiner Decke hervor. Dieses Feenwesen schwebt noch immer vor ihm.

„Wie fühlt es sich an, Angst zu haben?", fragt Wilma

seelenruhig.

Flavius schiebt die Decke ein bisschen weiter runter. Diese Fee sieht irgendwie freundlich aus.

„Schrecklich!", antwortet er. „Es fühlt sich schrecklich an."

„Aha!", sagt Wilma. „Und was glaubst du, wie es sich für andere anfühlt, Angst zu haben?"

„Ähm. Auch schrecklich?", antwortet Flavius fragend.

„Ganz genau", sagt Wilma. „Und warum jagst du dann Kerstin Landmann Angst ein? Und ihrer Tochter und ihrer Freundin und deren Mutter und Schwester?"

„Sind das die von der Waldstraße 42?"

„Ja."

„Ich tu das, weil, ähm, mein Chef mich dann befördert. Hoffentlich. Und ich dann mehr Geld verdiene, damit meine Frau in einem größeren Haus wohnen kann und ..."

„Macht dich das glücklich, Flavius?", fragt Wilma.

Flavius Fleischhammer denkt nach. Sehr lange sogar. Aber er weiß darauf einfach keine Antwort. Stattdessen steht er auf und geht ins Badezimmer. Als er wenig später frisch rasiert zurück ins Schlafzimmer kommt, ist Wilma verschwunden.

„Kinderbücher!", schwärmt Feli. „Ihr habt wirklich den tollsten Job der Welt!"

Yara, Samira und sie essen reichlich Honiggebäck und Apfelkuchen. Beides haben Namika und Kerstin für sie gebacken. Genau genommen hat Kerstin das Honiggebäck gebacken und Namika den Apfelkuchen.

„Und wenn ihr keine Lust mehr auf Kinderbücher habt, dann schreibt ihr einfach Backbücher", sagt Yara, und alle müssen lachen.

Fast hätten sie die Klingel überhört.

„Nanu? 16 Uhr - wer klingelt denn jetzt?", sagt Kerstin halb zu sich selbst und geht zur Tür.

Es ist Flavius Fleischhammer. Und er hält schon wieder einen weißen Umschlag in der Hand.

„Herr Fleischhammer!", sagt Kerstin.

Ihre Laune ist jetzt nicht mehr so gut wie eben. Als Feli und Yara den Namen hören, rennen sie sofort zur Tür. Namika und Samira gehen hinterher. Nun können sie endlich diesen Anzugmann sehen, der ihrem Glück im Wege stehen will. Und der kann was erleben! Feli ist so wütend auf ihn, dass sie ihm gleich ihre Meinung geigen will.

Aber irgendetwas ist komisch. Flavius Fleischhammer trägt Jeans und Polohemd und sieht nicht so böse aus wie Kerstin ihn beschrieben hat.

„Was wollen Sie schon wieder hier?", fragt Kerstin genervt. Feli und Yara stellen sich breitbeinig vor Kerstin auf und Feli will Herrn Fleischhammer gerade beschimpfen, als er mit freundlicher Stimme sagt: „Mich entschuldigen."

Jetzt sind die fünf Damen in der Tür sprachlos.

Flavius Fleischhammer erklärt sich: „Mir ist klar geworden, dass mein Verhalten unfair war. Es tut mir leid. Hier ist ein neues Schreiben für Sie: Darin steht, dass die Zinsen so bleiben wie bisher. Zahlen Sie Ihren Kredit ganz in Ruhe ab. Und sollte einer meiner Kollegen Sie in der Sache belästigen, rufen Sie mich an. Dann helfe ich Ihnen gerne."

Noch ehe Kerstin ihre Sprache wiederfindet, geht Herr Fleischhammer zurück durch den Vorgarten zu seinem Fahrrad und radelt davon.

„Jetzt verstehe ich die Welt nicht mehr!", sagt Kerstin schließlich. „Warum nur hat er seine Meinung geändert?"

„Ach, Mama", sagt Feli. „Manchmal gibt es Dinge im Leben, die kann man nicht logisch erklären."

Mama lächelt.

„Da hast du recht, meine große, kluge Tochter! Als Kind habe ich mir immer vorgestellt, dass es irgendwo kleine Wesen gibt, die dafür sorgen, dass immer alles gut wird."

„Und warum glaubst du jetzt nicht mehr daran?", fragt Samira.

„Na ja, irgendwann weiß man ja, dass es Elfen und Feen gar nicht gibt."

Yara und Feli müssen laut lachen.

„Was habt ihr denn?", fragt Mama.

„Ach nichts ..."

10. Die große Feier

Acht Wochen später ist in der Waldstraße 42 ein neuer Alltag eingekehrt. Kerstin und Namika haben sich im zweiten Obergeschoss ein Büro eingerichtet, und dort verbringen sie viel Zeit, denn Herr Rothenbusch vom Kinderbuchverlag hat viel Arbeit für sie. In der mittleren Etage haben Mama und Namika jeweils ein Schlafzimmer und die Mädchen ihre Kinderzimmer. Vor ein paar Wochen sind sie mit Papa in ein Möbelhaus gefahren und haben für Yara und Samira Prinzessinnenhochbetten gekauft. Und natürlich hat auch Feli noch ihr Zimmer mit Prinzessinnenhochbett.

„Wer von euch kocht heute?", fragt Samira beim Frühstück. „Hast du vergessen, dass heute das Fest ist?", unterbricht Yara sie. „Heute kochen wir alle!"

„Ach ja, heute ist ja Samstag", sagt Samira.

„Genau, und wir machen die coolste Einweihungsparty auf der ganzen Welt", ruft Feli begeistert.

„Ich muss Brot backen", fügt Namika hinzu.

Yara ist stolz, dass ihre Mutter nun richtig Deutsch lernt. Nur an den Abenden spricht sie mit Kerstin Französisch. Oder wenn sie etwas gar nicht versteht. Kerstin holt ihren Notizblock.

„Wir müssen die Aufgaben für heute verteilen, denn wir haben viel zu tun", schlägt sie vor.

Yara, Samira und Feli wollen Gemüse für die Salate und Obst für den Nachtisch schneiden, Namika wird Brot backen und orientalische Dips anrühren, Kerstin kümmert sich um die Ofenkartoffeln. Das Tischdecken und Stühle schleppen wollen sie später alle gemeinsam machen.

Nach dem Frühstück sind die Mädchen ratzfatz angezogen, schnappen sich jeder ein Küchenmesser und beginnen, Paprika, Gurken und Tomaten zu schneiden.

„Meine Oma fährt im Hühnerstall Motorrad ...",

beginnt Feli, zu singen und Yara und Samira stimmen mit ein.

Namika knetet den Teig für das Fladenbrot und lächelt den Mädchen zu. Kerstin wickelt Kartoffeln in Alufolie ein. Es klingelt.

„Papa!", ruft Feli und rennt zur Tür.

„Na, meine Prinzessin? Alles gut?", fragt Papa, hebt Feli hoch und wirbelt sie einmal im Kreis herum.

„Ja, alles gut", antwortet Feli. „Aber wir haben noch ganz viel zu tun."

„Dann muss ich euch wohl helfen", meint Papa.

„Hallo, ihr vier Damen", ruft er, als er die Küche betritt. Er gibt Namika, Yara und Samira die Hand. Kerstin nimmt er in den Arm. Aber einen Kuss auf den Mund wie früher gibt er ihr nicht. Feli beobachtet das genau.

„Soll ich schon mal den Grill aus dem Keller holen?", fragt Papa.

„Ja, gute Idee", meint Kerstin.

„Und wenn ich mit den Kartoffeln hier fertig bin, können wir gemeinsam die Tische und Stühle hinstellen."

Papa verschwindet im Keller. Feli schneidet weiter die Tomaten in Würfel und wirft sie in die Salatschale. Wenig später beobachtet sie Mama und Papa auf der Terrasse. Sie scheinen sich sofort einig zu sein, wo welcher Tisch stehen soll. Sie lachen und wirken noch immer so vertraut. „Vielleicht zieht Papa ja doch irgendwann wieder hier ein", flüstert Feli Yara zu. „Genug Platz hätten wir ja immer noch."

„Ja, vielleicht hat der Ideenstein ja auch dafür irgendwann eine Lösung", flüstert Yara zurück.

Feli wischt ihre tomatennasse Hand am Geschirrtuch ab und wühlt in ihrer Hosentasche. Auf den roten Zauberstein passt sie jetzt noch besser auf als vorher.

Am Nachmittag kommen Oma und Opa, drei Nachbarsfamilien und Lotta und Lisa mit ihren Eltern. Es ist ein heißer Samstag im Juni. Die Erwachsenen sitzen auf der Terrasse, während die Kinder auf dem Klettergerüst spielen. Zwischendurch gibt es für alle Vanilleeis mit frischen Erdbeeren und Sahne. Die Erwachsenen trinken Kaffee und werden nicht müde, sich zu unterhalten. Yara beobachtet ihre Mama. Manchmal wirkt Namika noch ein bisschen unsicher. Aber alle geben sich Mühe, langsam zu sprechen. Und Yara hat ihre Mama lange nicht mehr so viel lachen sehen.

Später packt Papa Holzkohle auf den Grill und es gibt
Fleisch, Würstchen, Gemüsespieße und dazu Fladenbrot, Ofenkartoffeln und den Salat à la Feli, Yara und
Samira. Die Erwachsenen trinken jetzt Erdbeer-
bowle. Lotta und Lisa müssen irgendwann mit ihren
Eltern nach Hause, und Samira ist schon lange auf
Namikas Schoß eingeschlafen. Langsam wird es
dunkel. Yara und Feli nehmen sich ein halbes Fladenbrot und machen Picknick auf dem Klettergerüst.
Mama hat die Fackeln im Garten angezündet, und
auf der Terrasse flimmern Mückenkerzen. Alles sieht
so sommerlich-gemütlich aus.

„Oberseefahrerin Feli", ruft Yara. „Was können Sie in
der Ferne beobachten?"
„Ich sehe glückliche Menschen und eine sehr lustige
Familie: zwei Mütter, drei Töchter und einen Besuchs-
papa."
„Sehr gut", sagt Yara. „Aber vergessen Sie nicht den
Traumpapa. Man kann ihn nur schlecht erkennen,
aber er ist immer dabei."
„Alles klar, er gehört zur Mannschaft, Seefahrerin

Sindbada", meint Feli. Yara und Feli nehmen sich in den Arm. Ihr neues Zuhause fühlt sich richtig gut an.

Würde sich in dieser Nacht ein Mensch trauen, tief in den Wald zu gehen, fernab der Hochsitze und Wanderwege, so würde er zwischen den düsteren Tannenzweigen einen hellen Schein entdecken, genau dort, wo der Wald besonders dicht ist. Er würde einen gelbschwarzen Vogel auf der Schulter eines kleinen, freundlichen Wesens sitzen sehen. Du weißt jetzt, dass das kleine Wesen Wilma heißt und nur Gutes tut. Und du kannst dir vorstellen, dass Wilma sich darüber freut, wie glücklich Yara und Feli mit ihrem neuen gemeinsamen Zuhause sind.

Würden die Menschen noch ein bisschen näher herangehen und vorsichtig über Wilmas Schulter schauen, so würden sie erkennen, dass sie in einer Suppe rührt. Und sie würden sehen, wie traurig Wilmas Blick wird, als sie auf der Suppenoberfläche eine Szene wie in einem Film sieht:

Yara wird auf dem Weg zur Schule von drei Jungen angepöbelt und beschimpft. „Mirador, wir müssen weiter auf Yara und Feli aufpassen", würde man Wilma sagen hören.

Die Autorin

Carolin Jenkner-Kruel, geb. 1982, lebt als freie Journalistin in der Nähe ihrer Geburtsstadt Detmold. Nach dem Bachelor in European Studies an den Universitäten Osnabrück und Malmö (Schweden) hat sie ihre Ausbildung zur Redakteurin an der Deutschen Journa-listenschule in München absolviert, anschließend Tätigkeit als freie Reporterin u.a. für Spiegel Online und den WDR Hörfunk in Köln, mittlerweile Pressearbeit für Unternehmen und Her-zensprojekte journalistischer Art. Waldfee Wilma hat sie zum dritten Geburtstag ihrer ältesten Tochter erfunden. Mit den Jahren ist daraus ihr erstes Kinderbuch entstanden.

Die Illustratorin

Stella Chitzos, geb. 1978, arbeitet seit 2003 als Diplom-Grafik-Designerin, zunächst als Junior Art Directorin in einer Werbe- und Eventagentur. Seit 2007 ist sie freiberuflich für Agenturen und kleine und mittelständische Unter-nehmen tätig. Darüber hinaus illustriert sie Kinderbücher, u.a. bei Oetinger34. Mit ihrer Familie lebt sie in Erkrath.

Unser Dank geht an die Schülerinnen und Schüler der Klassen 1, 2, 3a und 3b der Grundschule Heiden, der Klasse 3a der Grundschule Lemgo-Kirchheide und der Klasse 3a der Grundschule Lage (Schuljahr 2016/17). Sie haben darüber abgestimmt, wie Wilma auf dem Cover aussehen soll.